老子

嗨！有趣的故事

Hi! Story

譚偉雄

【出版說明】

在文字出現以前，知識的傳遞方式主要就是語言，靠口耳相傳的方式記錄歷史與情感表達。人類的生活經歷、生命情感也依靠著「說故事」來「記錄」。是即人們口中常說的「傳說時代」。然而文字的出現讓「故事」不僅能夠分享，還能記錄，還能更好、更廣泛地保留、積累和傳承。

《史記》「紀傳體」這個體裁的出現，讓「信史」有了依託，讓「故事」有了新的準則：文詞精鍊，詞彙豐富，語言精切淺白；豐富的思想內容，不虛美、不隱惡。選擇人物一生中最有典型意義的事件，來突出人物的性格特徵，以對事件的細節描寫烘托人物的情感表現，用符合人物身份的語言，表現人物的神情態度、愛好取捨。生動、雋永而又情味盎然。

「故事」中的人物和事件，從來就是人類的「熱門話題」。她是茶餘飯後的趣味談資，是小說家的鮮活素材，是政治學、人類學、社會學等取之無盡、用之不竭的研究依據和事實佐證。

中國歷史上下五千年，人物眾多，事件繁複，神話傳說與歷史事實並存，正史與野史交錯互映，頭緒繁多，內容龐雜，可謂浩如煙海、精彩紛呈，展現了中華文化的源遠流長與博大精深。讓「故事」的題材取之不盡，用之不竭。而其深厚的文化底蘊如何呈現，怎樣傳承，使之重光，無疑成為《嗨！有趣的故事》出版的緣起與意趣。

《嗨！有趣的故事》秉持典籍史料所承載的歷史精神，力圖反映歷史的精彩與真實。深入淺出的文字使「故事」更為生動，更為循循善誘、發人深思。

《嗨！有趣的故事》以蘊含了或高亢激昂或哀婉悲痛的歷史現場，以對古往今來無數先賢英烈的思想、事蹟和他們事業成就的鮮活呈現，於協助讀者不斷豐富歷史視域和深度思考的同時，不斷獲得人生啟迪和現實思考，並從中汲取力量，豐富精神世界，在實現自我人生價值和彰顯時代精神的大道上，毅勇精進，不斷提升。

【導讀】

老子出生於春秋末期，他姓李，名耳，字聃，號伯陽，也常被稱作老聃。有人說他是楚國人，也有人說他是陳國人。他的出生地為陳國苦縣（今河南鹿邑）厲鄉的曲仁里，老子出生的時候，陳國已為楚國的附庸，因此，這兩種說法都沒錯。

老子天賦異稟，勤思善悟。他師從隱世高人商容，從商容的「齒舌之問」中悟得「貴柔守弱」之道。老子入周都為守藏室史後，潛心於浩瀚的典籍之中，從前人的智慧汲取了豐厚的養份，不斷完善自己的大道學說。周王朝禮崩樂壞之後，老子心灰意冷，遊歷諸國，傳播其哲學思想。晚年隱居於沛地。至西出函谷關時，老子應弟子尹喜之求著書立說，留下五千言，被後世稱之為《道德經》。

老子最為著名的弟子有尹喜、陽子居（即楊子）、文子、庚桑楚等人。史載老子與孔子曾有會面，但會面的時間、地點、內容和次數卻眾說紛紜。本書綜合選取了三種記載來呈現故事：第一次是在魯國，老子在魯國巷黨主持友人葬禮，孔子助葬；第二次是在周都洛邑，孔子向老子問禮；第三次會面時，孔子已五十一歲，這也是孔子與老子最重要的一次會面，這次會面對孔子後來的思想產生了重大的影響。

老子將自己的一生傾注在其思想學說上，他留下的《道德經》涵蓋了哲學、倫理學、政治學、軍事學等諸多學科，是老子唯一留存於世的經典著述。《道德經》上篇言宇宙之本根，含天地造化之玄機，蘊陰陽變幻之微妙；下篇言為人處世之良方，含人事進退之要術，蘊長生久視之天道。《莊子》、《列子》、《文子》、《淮南子》等後世經典均深受老子哲學思想的影響。這種影響隨著時間的推移愈來愈廣，也從中國走向了世界。

老子的思想博大精深，自成體系，包含樸素的辯證法思想。老子又被道教尊為「道教始祖」，位列「東方三大聖人」之首。老子和他的《道德經》已成為全人類共同的精神財富。

目錄

師從商容

太陽偏西，曲仁里（今屬河南鹿邑）家家戶戶升起裊裊炊煙。煙溪的上游隱隱約約傳來婦人們的搗衣聲。堤岸上，不時有人從田地裏收工回來，他們有的牽著耕牛，有的扛著農具，不緊不慢地走著。煙溪在落日餘暉裏緩緩流淌，那起伏的波紋總是泛著絲質的光澤。

曲仁里地處陳國苦邑厲鄉，煙溪正好從這裏流過。

大概在周靈王元年（前五七一年）的一天，老子誕生在這裏。取名李耳，字聃。李耳出生的時候，正值春秋末期，各諸侯國之間征戰不斷，各國為富國強兵，向社會廣納賢才，各種學術流派紛紛湧現。

在李耳出生之前，陳國已淪為楚國的附庸，這之後陳國相對遠離戰禍，李耳的童年和少年時光也得以在平安中度過。從小聽著〈擊壤歌〉和〈南風歌〉成長的李耳，表面看似有幾分木訥，其實內心卻有著遠異於常人的求知慾。這一點，曲仁里的里正最為清楚。

有一回，曲仁里連日乾旱，里正請來巫師向天祈雨。煙溪邊插有各種樣式的旗旛，幾個戴著面具的鄉民在堤岸上跳舞。巫師敲著一面獸皮鼓，一邊敲一邊口裏唸唸有詞。祈雨結束，人們陸續散去，李耳指著自己的大耳朵問里正：「上天是否有耳？」里正覺得這個問題問得古怪，但又不知李耳到底想問什麼。他仰頭望了望天空，又想了想：「上天無耳。」

李耳於是又問：「上天既然無耳，又怎能聽到巫師所求？」

里正嚇了一跳：「上天雖然無耳，但鄉民們都相信巫師能通達上天。」

李耳又問：「這樣就真的能降雨嗎？里正大人，我是因為不相信才這樣問的。」里正有點無奈：「能否真的降雨，誰也不能保證，只有看天意了。」「天意……」李耳話到嘴邊又嚥了回去。他本來想問里正，什麼是天意。轉念一想，只怕問了也是白問。

李耳轉身指著煙溪問里正：「這溪水為何日夜流淌不止？」

里正啞然一笑：「水有源頭，自然會流淌不止。」

李耳又問：「是不是這世上的萬事萬物皆有源頭，才生生不息？」

里正想了想，然後點了一下頭。

「里正可知，這萬物之源又在哪裏？」李耳追問道。

里正想了半天，回答不上來。里正見李耳很是失望，就隨口說了一句：「你小小年紀就有這麼多稀奇古怪的問題，為什麼不請一個有學問的先生來教你？」

令里正沒有想到的是，十餘天後，李耳的父母果真給李耳請了一位先生。先生叫商容，此人已年過六旬，方臉，高鼻樑，鬍鬚灰白，雙目炯炯有神。他自稱祖籍在齊國，家住宋國，曾在朝為官。

因在朝中受到排擠，辭官後，四處遊歷。李耳的父母見此人學識廣博，談吐不凡，便請他教授李耳。為了讓商容能夠安下心來，李家還特意將自家位於煙溪邊的一處舊舍修繕好，供商容居住。

商容答應李家以三年為期，三年期滿，他將自行離去。

有一天，當商容講授中提到「天」時，李耳忍不住問道：「先生，上天究竟為何物？」商容一怔，輕咳了一聲，用手指了指頭頂：「上天，頭頂之青青者也。」李耳又問：「青青者又為何物？」商容似乎知道李耳必有此問，清了清嗓子答道：「青青者，虛空是也。」「先生，何為虛空？」李耳窮追不捨。「虛空之上，太虛也。太虛之上，更為虛空之虛空也。」商容的語速有點急促，臉一下憋得通紅，像是要咳出來，但被強忍住了。過一會，才緩過氣來。

「先生是不是病了？」李耳嚇了一跳。「不妨事，老毛病了。」商容衝李耳擺了擺手。李耳見商容很快又恢復到了原樣，這才稍稍放下心來。「先生沒去過太虛，又怎麼知曉這太虛之上仍然是虛空？」李耳心裏明白，這天之高遠非肉眼所能及，如若再問下去，只怕是沒有窮盡。只是他對先生所言並不滿意，先生用眼睛能看到的，他自然也能看到，為什麼他天天所看到的只是日月星辰和那變幻莫測的雲海，除此之外，一切皆混沌未知，先生又怎麼能斷定虛空之上就是太虛？這樣一尋思，李耳不知不覺蹙緊了雙眉。

商容拈了拈自己下巴處的幾根鬍鬚：「虛空之虛，不可忖度，非神不能為也。」

李耳之所以想一問到底，完全是因為自己對「虛空」一說極為好奇，愈是不能理解的事物他愈是想探個究竟。

這天晚上，李耳輾轉反側，難以成眠。他一直思考商容先生白天所言。此時窗外透著一抹白光，李耳索性起身，一個人悄悄地走到前庭。夜空中有一輪朗月高懸，還伴有幾點星光在天際忽明忽滅。

李耳仰頭望著那被月光洞穿的雲層，心裏充滿著無限的遐想，那雲層高遠深邃，層層疊疊，何其神祕。李耳看得入迷，也想得入神。夜寒露重，竟也渾然不覺。

「呱——」一隻鳥的悲鳴劃破夜空的靜穆，一下子將李耳的思緒拉了回來。月輝映照的台階上，彷彿有一團小小的暗影在李耳的眼前倏忽閃過。

李耳望著那鳴叫遠逝的方向，心想自己要是也能像那只夜鳥一樣長有翅膀就好了，他會一直向高處飛，飛往那虛空之外的太虛，就可以看清虛空中到底會有何物。

難道這世間的萬物都如先生所說，皆為神所為？

李耳只知道敬神拜神是自古以來就有的習俗。

他曾多次問過祭壇的主祭，得到的答案卻是誰也不知道神到底長什麼樣，因為誰也沒有親眼看見過神。難道這世間的一切都被某種未知的力量所掌控？想到這裏，李耳再也按捺不住自己。

藉著月光，李耳向煙溪邊先生的住處走去。

先生的窗前還亮著燈。那燈光從木窗透過來，因為有稍許晃動，像水面上映現出的波紋，層層疊疊。

商容沒想到李耳這麼晚了還沒睡。商容知道，他的這個弟子肯定又有什麼想不清的難題要來問他，他也做好了被難倒的準備。果然不出所料，李耳先是低頭沉思了片刻，然後抬起頭，像是鼓足了勇氣，問道：「先生，既然虛空之虛不可忖度，那我等凡夫俗子又當如何？」商容答道：「循天道而行。天之道，和則貴，失和則亂。」

商容的話一下子把李耳的思緒暫時從天上拉到了地面。他曾多次聽里正描述過多年前楚國入侵陳國的情形。陳國向來羸弱，楚國入侵後，陳國的土地上屍橫遍野，血流成河。那段時間，陳國人經常深更半夜都會聽到士卒過境和戰馬嘶鳴的聲音，彷彿整個陳國都在顫抖。

李耳沉默了許久才問先生：「天下失和，遭殃的則是百姓，君主為何不管？」

商容不由感歎道：「百姓失和，君主尚可依法治理。若天下失和，關乎國與國之間的大事，責任在於君主，君主又如何治理？」李耳問：「因君主的責任而造成天下失和，神為什麼不管呢？李耳記得先生曾經說過，神有變化之能和造物之功，神為何不能造就英明而又聽從指令的君主？」

在商容固有的認知裏，神是存在的，神的存在就等同於上天，只是連他也不清楚神是如何存在的，這過於神祕。

「君主就如同在外作戰的將軍，將軍在外君命有所不受。同樣的道理，神派遣君主代天治理國家，君主也可有所不受。」

商容話音剛落，李耳馬上意識到，先生所答正包含了他此次前來真正想問的問題。先生既然說神能派遣君主替上天治理國家，神肯定就是天地人的最高主宰，若是知道神為何物，想必那「虛空」為何物也就不難理解。

「先生，神究竟為何物，竟然可派遣君主治理國家？」李耳問。商容沉默了許久：「神並非凡俗之物，這世間的凡俗之人又豈能知曉神為何物？」李耳於是又問：「既然神不被凡俗之人所知曉，神遣之說又從何而來？凡俗之人又怎會知曉？」

商容沉思了良久，他沒想到李耳對「虛空」的思考已完全超出了他的想像。他看著李耳反問道：「若非神遣，這天地之間又何來凡俗之人？又何來這萬事萬物？」

「這……」李耳一下懵了。細想之下，先生的反問不是沒有道理。

這次對話是李耳初次將天、地、人、萬物放在一起加以思考，其所思所想，雖尚不能通達，卻是意義重大，大道學說已開始在李耳的心裏萌芽。

秋夜漸涼。風起時，煙溪邊會有濕漉漉的梧桐葉子掉落，間或發出簌簌的聲響。先生窗前的芭蕉葉則捧著積攢下來的水滴，積得多了，也有捧不住的時候，會突然潑灑一地。

三年時間，不過是彈指一瞬間。

商容離開曲仁里回到宋國後不久，帶著一名叫央哥的家僕於谷神山中築了三間茅廬，從此過上了隱居的日子。李耳偶爾會跋山涉水，前往探視。

李耳深知，求知之路尚遠。對他而言，「神遣」不明，「青者」不清，「虛空」仍虛。有些難題注定只有時間才能解答。

齒舌之論

走了半天崎嶇難行的山路，眼前愈顯幽深。一隻山雀先是在前面的枝椏間蹦跳，見有人來了，它時而飛起，時而鳴叫，像是在給李耳引路。直到爬上一個突兀的石坡時，李耳的眼前才豁然開朗。

他遠遠就看見央哥正在茅廬前生火，心裏不由得一緊，腳下的步子也跟著快起來。央哥一邊往簡陋的灶中添柴，一邊飛快地鼓腮吹火，然後將配好的草藥煎上，火舌舔著陶罐的底部，茅廬前煙霧繚繞。

看到乍一出現在面前的李耳，央哥抹了抹沾滿煙灰的臉，忍不住哭出聲來：「李耳哥你終於來了！先生一直在念著你，快進去看看吧，先生這回病得愈發地重了。」

「醫師如何說？」李耳邊走邊問。「醫師過來診斷了好幾次，用了藥，他臨走前說……」「說什麼？」「醫師說，先生只怕……只怕這次是熬不過去了……」「先生是否知曉自己的病情？」李耳的話急促起來。「尚不知曉，我不敢告訴先生。」「知會先生的家人沒有？」「已派人去報信了。」李耳三步併作兩步快速走進內室。雨季剛過，室內除了刺鼻的霉味，還有一股濃濃的草藥味，這兩種味道混合在陰濕的空氣當中，令人感到有點窒息。

央哥用一根纖細的小木棍將桌上的燈芯撥了又撥，原本快要熄滅的燈芯突然濺起暗紅的火星，隨後發出絲絲的聲響。見還是有點暗，央哥又點了一盞燈放在跟前，室內這才亮堂了許多。

商容躺在蓆子上，面色青黑沉鬱，眼窩深陷，與往常顧盼神飛的模樣判若兩人。

央哥俯下身子，輕聲在商容的耳邊道：「先生，李耳哥回來了。」

李耳上前，一下跪倒在地：「弟子李耳，拜見先生！」

正在昏睡中的商容聽到聲音醒了過來，他緩緩地睜開眼睛，看見自己日夜牽掛的愛徒跪在前方，情急中伸出顫抖的手，想掙扎著起身。央哥趕緊上前扶他坐起，將枕頭墊在他的背後。

「先生恕罪，弟子來晚了。」李耳的聲音已有些哽咽。

商容稍稍擺動了一下手：「你能趕回來……已是上天眷顧。」

一旁的央哥想到藥還在火爐上煎著，依依不捨地退了出來。

商容看見李耳還跪在地上，心有不忍：「快起來……到為師的跟前來，為師……有話，想……想對你說。」

李耳膝行兩步，跪坐席前，商容一把抓住李耳的手。李耳望著先生枯槁的面容，心裏十分難受。

他知道先生患上肺疾已有多年，每到春夏之交病情就會反覆。幾個月前，雖然先生時有氣喘和咳嗽，但還能言談自若，也不影響四處走動。哪承想，忽然之間先生就病成了這樣。

「先生有什麼話，等病情好些再說也不遲。」

李耳匆忙用袖子擦了擦眼角。

商容在喘了幾口氣之後，臉上的氣色看似有所緩和：「為師的病……」「會好起來的！先生只要安心養病，會好起來的！」李耳安慰道。其實他心裏清楚，以先生的睿智，不可能不知道自己的病情。

果然，商容搖了下頭：「為師的病，只怕……只怕是好……好不了了。」

李耳一時不知說什麼好。先生命運多舛，先是經歷宦海浮沉，又遭家中變故，後來離開朝堂和故里，隱居於這山野之地，每天過著粗衣蔬食的日子，原以為可避開亂世紛爭好落得個自在逍遙，哪能想到卻生了這麼一個病。先生內心的苦楚和孤獨，這世上除了李耳，只怕是無人能懂。

「不知先生有什麼話想對弟子說？」李耳心中淒然。

商容咳了一聲之後，強忍著不讓自己咳得更厲害：「你此番……遊歷，有何收穫？」

「弟子此番遊歷，有一件事值得一提。」李耳答道。

「說來讓為師聽聽。」「弟子聽聞，齊侯見晏嬰住得離鬧市太近，趁晏嬰出使晉國之時給他換了一套新宅。晏嬰回來後又搬回到原來的舊居。晏嬰對齊侯說，居豪華之宅，會淡薄節儉之念，從而滋長享樂之欲。」

「齊國……齊國有此良臣，實乃……實乃齊國之福也。」商容閉著眼緩了一口氣，緘默了一會兒，待氣息順些了，復睜開眼望著李耳。「為師想……問你，過故鄉而下車，你可知……為何？」

「弟子以為，先生是在教導我，不要忘記生而為人的根本。」李耳沉吟了一下。

商容又問：「過喬木……而小步慢行，你可知為何？」

「先生大可放心，弟子當尊敬長者，謹言慎行。」

商容微微點頭，正要開口，突然嗆住，急促地喘了幾下。喉嚨裏像藏著一隻怪獸，不時發出沙啞而沉悶的低吼。

見此情形，李耳擔心商容因言語過多而使病情加重，只得說：「先生還是早點歇息，有什麼話改日再說。」

商容像是沒有聽見，抓著李耳的手不但沒有鬆開的意思，反倒像是抓得更緊了：「你看看……你看看為師的牙齒……還在不在？」說完，商容費力地張開自己的嘴巴。

李耳不知道這是何意，想到先生既然這樣問，定然有他的道理。李耳看了看商容的牙，搖了搖頭，如實回答：「先生的牙齒快掉光了。」

商容又道：「你再……看看，為師的舌頭……還在不在？」李耳答：「先生的舌頭還好好的。」商容又重重地咳了一聲：「你可明白……這其中的道理？」李耳想了想，答道：「先生是說，牙齒堅硬，舌頭柔軟，柔軟的東西卻比堅硬的東西要存留得更久。」

商容聞言，眉頭一展，對李耳的回答似乎很滿意，欣慰地笑了一下：「天下的道理……都包含在這裏了，為師……為師言盡於此。」

李耳立即明白了先生的良苦用心，不禁熱淚盈眶：「先生的教導，弟子牢記於心！」

此刻的商容，突然面部紫脹，緊接著山呼海嘯般一陣猛咳。

在外面聽到動靜的央哥手忙腳亂盛好湯藥，幾乎是跑著端了進來。他一眼看到商容咳在帕子上的一團鮮血，不禁失聲叫了出來，手中的湯藥也因驚慌失措而灑了一地。

沒過多久，商容就昏迷了過去。

李耳和央哥寸步不離守在席前。至第二日凌晨，商容沒等到家人趕來就嚥了氣。依照他生前的遺願，家人將他安葬在谷神山下的黃河岸邊。

商容去世後，李耳有很長一段時間都沉浸在悲痛之中。令李耳感佩於心的是，先生在彌留之際竟然還想著教導他這個弟子。

送走先生後，央哥也走了。央哥又將融入世俗的生活當中，不知此生是否還有緣再見。年輕的李耳不由生出許多感慨：草木有枯榮，人生有禍福，人總是始於生而終於死，這是自然規律，任誰也擺脫不了。生，讓萬物得以綿延，是道之根本。

李耳下山的這天，天上飄著濛濛細雨，四野靜寂。下山的路似乎比以往任何一次都要顯得曲折而漫長。李耳走得很慢，這沿途的一草一木都曾見證過他生命中最美好的時光，但這些時光他卻一分一秒也帶不走。

此時，除了自己的腳步聲，還有商容先生臨終前說的那些話，在李耳的耳畔不停地迴響。

守藏室史

周靈王二十一年（前五五一年），這一年有兩件重要的事情發生，其一是孔子於這一年在魯國誕生，其二是李耳入周守藏室為史。這一年，李耳還只有二十一歲。

周都的守藏室是王朝典籍和檔案收藏之所。李耳進入守藏室之後，親自和守藏室的小吏們一道，將各種典籍重新清理歸檔，然後妥善保管。

典籍分門別類清理好之後，日常的防範和查驗也是必要的。若遇上有殘缺不齊的，還得派人四處去尋訪、鑑別、考證，想方設法補齊。

這些事務，別人認為煩瑣，李耳卻樂在其中。他稍有空閒就沉浸在這些典籍文字之中，如癡如醉。他也非常清楚，這裏對周王室而言意義非凡，尤其是在諸侯紛爭的時期，這些收藏象徵著正統、文明和權威。因此，守藏室史這一職務對他而言，一點都不能馬虎。

隨著時間的推移，李耳無論是在為人還是在學問上，都愈來愈受到朝中眾臣的敬服，前來當面討教的不在少數。萇弘便是守藏室的常客。

一日，萇弘下朝後直奔守藏室。李耳的案頭堆滿簡牘，正沉浸其中。李耳抬頭見一貫謙和沉穩的萇弘連招呼都不打就徑直闖了進來，頗感意外，也不知發生了什麼。

「李史官，出大事了！」萇弘一進門就攤開雙手，一副憂心忡忡的樣子。

「萇弘大夫，出什麼大事了？」李耳放下手中的書簡，將一份剛剛編寫好的索引交給一旁的小吏，吩咐妥善保管。

「李史官，你可聽聞鄭國鑄刑書於鼎的事？」

萇弘迫不及待地問。

「此事史官已記錄存檔，萇弘大夫為何如此焦慮？」李耳頗覺奇怪。不久前，鄭國的執政者子產將本國的法典鑄在鼎上，公告於眾，當即受到鄭國權貴的抨擊和反對。與之形成鮮明對比的是，此舉卻得到了鄭國民眾的大力支持和擁戴。晉國大夫叔向聽說後，氣得頓足大罵，連夜寫信質問子產，子產卻不以為然。

「今日早朝，天子專就此事問於百官，眾臣皆大罵鄭國，認為鄭國此舉是對天子的大不敬，紛紛上奏天子，懇求下詔制止。」萇弘在李耳跟前踱來踱去。

「萇弘大夫如何看？」李耳問。「法典神聖，乃國之重器，豈可輕易示之於庶民？若庶民亦知法懂法，將無懼於官府。天下豈不大亂？」萇弘說完，看著李耳。

李耳不以為然：「非也，鄭國還法於民，民知法亦知守法。民若犯法，則甘願伏法。官若犯法，則民亦有監督之功。為官者有所忌憚，自然勤政愛民，依法度而行。民有所依託，自然安於本份，正氣方可弘揚，國家才能安定。」

「依李史官所見，天子非但無須下詔制止還得褒揚？」萇弘聽李耳這麼一說，驚愕之餘，又覺得李耳所言不無道理。只是此事非同小可，有利於民固然不假，是否有利於國家的安定就難說了。萇弘心想，若民知法後不畏懼官府，官府的權威必然會受到前所未有的挑戰，國家又將如何治理？

李耳一眼看出了萇弘心中的顧慮：「先賢以天地萬物為念，為君為臣者，自當以黎民百姓為念，不可因私心而罔顧天下。」

「李史官的意思是，大臣們是出於私心才大罵鄭國的？」萇弘對李耳的說法深感意外。

李耳乾脆一語點破：「滿朝文武之所以大罵鄭國，只因擔心自己的地位和利益受損。李耳以為，鄭國開此先例，必被其他諸國仿效，只怕早已民意如潮，就算天子此時下詔制止，非但於事無補，只怕會適得其反。想那民意聚集如圍堰之水，一旦決堤，後果可想而知。」

「如今天下已紛亂不止，李史官就不擔心亂上添亂？」萇弘脫口而出。「天下有道，隨處可見快馬勞作於田地；天下失道，唯見戎馬催生於荒野。我聽說有道的人，都是最後才想到自己，因此而被眾人所推崇。」

聽李耳這麼一說，萇弘不由面露愧色：「是我多慮了。」

後來的情形果然如李耳所言，因民心所向，各國迫於情勢不得不仿效鄭國，紛紛將本國的法典頒之於眾。由此，萇弘對李耳的見解和學識更是欽佩有加。

自從進入守藏室之後，李耳從不參與朝中紛爭，恪守自己為人為官的準則，清心寡欲，唯有在學問上精益求精，工作之餘，其神思隨著典籍中先賢們的真知灼見漫遊於天地之間。

每當朝陽初升的時候，李耳會站在守藏室前，凝視陽光投射在庭前的日晷上，彷彿上天和大地正通過日晷上的銅針和圓盤在建立某種緊密無間的聯繫。他日夜尋求的「道」，也在這樣的凝視和思考中日臻完善。

那個時候，對有學問的男子多尊稱為「子」，李耳也非常受尊敬，只不過因為發音的關係，他被尊稱為「老子」。

巷黨助葬

或許是造化弄人。周景王十年（前五三五年），三十七歲的老子卻因受到權貴的排擠，被免去守藏室史之職，出遊到了魯國。老子在魯國遊歷多日後，突逢友人病故，友人親屬一致請求老子為其主持葬禮。

這天，老子在巷黨察看完新挖的塚壙後，欲回曲阜的館舍休息。車子剛進入曲阜城，馬匹突然受驚，差點將對面的一輛馬車撞翻。

趕車的車伕好不容易將馬勒住，正驚魂未定的時候，一位年輕人從對面的馬車上下來。年輕人長得眉目清秀，穿一襲素白鑲邊的錦袍，看年紀約莫十六七歲。見此情形，老子也趕緊從車上下來。不待老子開口，那年輕人先對著老子施禮道：「先生可有受驚？」

老子素聞魯國乃禮儀之邦，此番親眼所見，果然是名不虛傳。剛才明明是自己的馬受驚後衝撞了對方，對方非但不惱，還走下馬車表示關切。更何況，下來的人竟如此懂得禮數，老子心裏頓生好感。

老子趕緊回禮道：「剛才衝撞了您，還望您見諒。」

年輕人道：「先生言重了，在下姓孔名丘，字仲尼。敢問先生如何稱呼？」

老子道：「在下姓李名耳。」

「先生可是曾在周都任守藏室史的李耳？」孔丘問。

老子頗感意外：「正是。仲尼從何得知？」孔丘趕緊施禮道：「丘早聞先生大名，今日一見，果然氣度不凡。不知先生何以在此？」

老子答道：「不瞞仲尼，兩日前友人因病突然去世，至今日，停靈三日已滿，現已入殮，其葬儀由李耳主持，明日就是出殯之日。」

孔丘聞言心裏一動：「丘早就聽聞老子先生深諳禮儀，丘對禮儀也略知一二，明日可否讓丘與先生一同前往？」老子沒想到眼前的孔丘小小年紀竟然會對葬儀感興趣，不由得暗暗稱奇，當即欣然應允。

次日為朔日，天氣晴好。葬儀在老子的主持下進行得有條不紊，老子邊主持葬儀邊留意在一旁協助的孔丘。

在孔丘的協助下，葬儀的每一個細節都一絲不苟，就連出殯前喊禮、祭奠這樣繁複的儀式，也是分毫不差。老子不由得在心裏暗自感歎：這個孔丘小小年紀就能如此，將來必成大器。

送葬的隊伍浩浩蕩蕩，有的抬著靈柩，有的哭喊，有的吹奏笙樂，有的舉著招魂幡，有的跟隨在隊伍後面為逝者送行。老子和孔丘則在前面引路。

隊伍出曲阜城後，逐漸轉入鄉野小路。行進中人們感覺天色昏暗下來，不禁都抬頭望向太陽，原本白晃晃的日頭像被什麼在一點點蠶食，這異常的天象導致送葬隊伍一片騷亂。人們驚慌失措，認為那是大凶之兆，紛紛望天拜呼。這樣一來，吹笙樂的人停了下來，抬靈柩的人呆呆地站在原地，一個個驚恐地望著天空，生怕未知的災禍隨時會降臨到自己的頭上。舉幡的甚至想丟下幡一走了之。

孔丘從未在葬禮中見過此番情狀，急忙用力揮著雙手，在前面喊道：「不能停，不能停……」但任他喊破了喉嚨也沒有人聽，隊伍仍處在混亂中。

正當孔丘手足無措的時候，老子爬到路邊的一個土坡上，大聲喊道：「停下！不要哭，也不要亂，所有人都靠在路的右邊，把靈柩停下！」眾人看著老子，一時不知道該不該聽他的，正在猶疑。老子又大聲喊道：「保持安靜！把眼睛也閉上，我保證各位都平安無事。」一聽說可保平安，眾人陸續安靜下來，將信將疑地靠路的右邊停下，然後閉上眼睛，以靜待變。

此時，天空愈來愈暗。沒過多久，太陽已被全部遮住，像一塊被鍛打過的金屬，只顯出泛著暗紅光暈的圓形輪廓。

孔丘不明白老子為什麼叫大家停下，他不可能不知道，送葬時若靈柩停下是對死者的大不敬，這是常識，也是死者的親人所不能忍受的。但事已至此，他再想阻止已經來不及了。孔丘只好聽從老子的安排。

過了一會兒，被遮蔽的太陽又慢慢露出真容，像是老天故意使了一個障眼法，黑幕拉開，天地又恢復此前的明亮。老子這才叫眾人睜開眼睛，眾人見什麼災禍都沒有發生，都放下心來，各就各位，隊伍照常繼續前行，直到靈柩順利落葬。

在返回的途中，孔丘忍不住問老子：「先生可知道這靈柩是不能停的？」老子道：「知道。」孔丘很是吃驚：「既然先生明明知道不能停，卻反其道而行之，為何？」老子一眼看出了孔丘心中的疑惑：「非故意為之，乃遵禮而行。」孔丘一怔，心想，難道是自己錯怪了老子？不對啊，既然是遵禮而行，這所遵之禮應該是有出處的，到底是出自哪裏呢？孔丘自認為熟知禮儀典籍，如此「遵禮而行」倒是聞所未聞。孔丘又問道：「剛才先生所遵之禮為何禮？丘願聞其詳。」

老子沉吟道：「諸侯去朝見天子，總是日出而行，到了傍晚時分，要在太陽尚未落山之前找個地方歇息，大夫出使也是如此。靈柩在天亮之前是不能出殯的，也不可在天黑之後才下葬。凡是披星戴月趕路的，只有罪人和奔父母之喪才會這樣。剛才日食，天地霎時黑如星夜，若繼續前行，與罪人奔喪又有何異？我讓眾人靠道路的右邊停下，是因為左邊是深溝，怕混亂中有人失足。右邊則地勢平坦，適合人員聚集，人一旦聚集到一起，就不會那麼恐慌。叫他們止住哭聲安靜下來，是不想有人出言無狀擾亂他人的心神。我再叫他們閉上眼睛，是防止突然出現的強光將眼睛刺傷。君子行事依禮，更要順應天道，順應天道乃世之大禮。」

聽老子這樣一解釋，孔丘覺得沒有任何不妥之處，他不得不佩服老子思慮的縝密和臨時決斷的定力。依老子所言，這天下之禮不能拘泥於已定之規。相機而行，應時而變，才是尊禮之道。更令孔丘折服的是，老子視順應天道為世之大禮，令人無法辯駁。又想，今日若是由他來主葬，還不知如何面對如此亂象。好在一切順利，老了友人的靈柩下葬之後，其親屬也沒有像孔丘事先擔憂的那樣責難於老子，相反，他們對老子如此安排甚為滿意。

老子準備離開魯國回曲仁里之前，孔丘向老子約定，因自己還年幼，待年齡再大些，在學業上更精進些，定當親自去曲仁里拜見老子。

誰料時隔五年後，李耳又被甘平公召回周都洛邑，仍任守藏室史。等孔丘踐行約定已是十多年之後的事了。

孔子問禮

已過而立之年的孔丘常和南宮敬叔、孟懿子諸弟子坐而論禮。一日，南宮敬叔見孔丘鬱鬱寡歡，似有什麼心事，就問道：「先生乃我魯國之大賢，受萬民景仰，又深通禮之根本，已無人能及，為何還不開懷？」

孔丘輕歎一聲：「你有所不知，文物祭器，禮儀典籍，凡可明鑑的禮儀之物，都不在我們魯國，我又如何能通曉禮之根本呢？」

南宮敬叔頗感意外，忙問道：「那先生可知曉這禮儀典籍現在何處？」

孔丘答道：「在周都洛邑的守藏室中。老子現為周都的守藏室史。我曾與他助葬於巷黨，並約定擇機去拜訪於他。此人博古通今，高深莫測，既知曉禮樂之本源，又明瞭道德之根本，你願與我一同去向老子請教嗎？」

南宮敬叔欣然同意。南宮敬叔隨後將此事報請魯昭公，魯昭公深以為然，還為他們派遣了車馬和僕從。孔丘一行從魯國千里迢迢趕到周都洛邑之時，正值秋高氣爽。洛邑多楓樹和銀杏樹，秋風乍起，亭台館舍之間，金黃的銀杏葉和火紅的楓葉鋪滿一地，甚是壯觀。

平時，老子習慣每天在守藏室待上半天，處理完與典藏相關的事務後，會將清理出來的散殘書簡帶回府中進行研讀和整理。這一天倒是例外，他既不在守藏室，也不在自己的府中，而是去了洛邑城外的無名峰。孔丘一行從守藏室尋到府上均不遇。

好在老子出門前將自己的去向事先交代過府裏的僕從，僕從一聽說是遠道而來的孔丘先生，趕緊在前面引路，領著孔丘一行前往無名峰。

說起這無名峰，倒頗為有趣。老子曾問身邊的人此峰之名，竟無人能答，於是老子說那就叫它無名峰吧。從此，這座山峰就以「無名」為名了。

無名峰上有一座石亭。老子髮髻高挽，長鬚飄飄，正背著雙手立於亭前，一動不動地凝視著遠方。老子的正前方是隱現於薄霧中的山巒，那連綿起伏的姿影如同用淡墨勾勒，山脊處有白鷺翩飛，間或有幾處紅楓林綴染於蒼翠之中，極為靈動。左邊有一掛瀑布高懸，瀑流洶湧，飛珠濺玉，亮白如練，瀑下深潭似隱約傳來雷鳴之聲。右邊，一群灰色的鴿子呼啦啦振翅而起，它們在空中盤旋，忽近忽遠，如一陣疾風。目之所及，周王室的宮殿樓宇可盡收眼底。這些建築看上去雖有些陳舊，卻仍不失昔日的恢宏氣象。

此刻，在這無名峰上，老子和孔丘實現了歷史性的會面。

老子見當年的翩翩少年，如今已是氣宇軒昂，一副躊躇滿志的樣子，不禁微笑著點頭。

孔丘快步走到老子跟前，施禮道：「丘聞先生已悟天地萬物之道，今特帶弟子前來，敬請先生賜教。」

老子回禮道：「仲尼想問什麼？」

孔丘道：「自從與先生曲阜一別之後，丘苦心研修禮儀，向民眾推行仁義。丘只是想告訴世人，社會一定要有良好的秩序，要信任自己的國家和君主，人人都遵行天命，對天地懷有敬畏之心，就好像日月星辰各安其位，一年四季各順其時。」

老子道：「仲尼所說的『遵行天命』其實就是信奉大道，你所推行的恕、仁、禮、智、信，也正是李耳所領悟的大道學說中『德』的體現啊。」

孔丘問：「那先生以為，人應遵循怎樣的規律而行呢？」

老子沒有急於回答，再次將自己的目光投向遠方。王宮的簷頂上，那群鴿子還在，它們忽而落下，又忽而飛起，好像不知疲倦。秋風起處，天上的雲團似乎比方才跑得更快些，視野也變得清明了許多，前方的山巒隨著薄霧的消散，也展露出青色如黛的真容。

老子慢慢收回目光，他邀孔丘一行在亭內坐下，這才開始回答孔丘剛才的提問。

老子道：「人之所以生，所以死，所以榮，所以辱，皆有其自然的規律可循。順自然規律而行，國家則不治而自治，人心則不正而自正，又何須去推行禮樂和仁義呢？仲尼之所以推行禮樂和仁義，正是因為看到這兩樣東西在人的身上有所缺失。老夫以為，仲尼真正要做的，不只是去彌補這種缺失，更要找到造成這種缺失的根源。」

老子的這番話，一下解開了困擾孔丘多年的疑慮。相對於老子的大道學說，孔丘意識到了「禮」的局限性。老子的思想比他的思考更深，更遠，更為系統和全面。

見孔丘沉思不語，老子指著不遠處的瀑流：「仲尼為何不學水之大德呢？」

孔丘不明其意，他的弟子南宮敬叔在一旁忍不住問道：「請問先生，水有何大德可言？」

老子看了南宮敬叔一眼，又看了看孔丘：「最高尚的事物莫過於水啊，水給予萬物極多的利益卻從不爭功，處於低下和被人厭惡的位置，這才是最謙虛的美德。江海之所以能成為河流的歸宿，是因為它們善於處在下游。世間最柔弱的東西莫過於水，然而它卻能穿透最堅硬的東西，這就是大德。

不見其形的東西，卻可以進入到沒有縫隙的東西中去，這就是不言和無為的力量。」

孔丘聞言大悟，望著消散的薄霧，逐漸清明的山景，不由感慨道：「先生所言，令丘眼界大開。」老子點了點頭，又接著道：「水接近於大道，水也有利於一切。水從來不會逆勢而上，是善於選擇自己的所在；水清澈平靜，又往往深不可測，是善於隱藏自己；水汲取而不會枯竭，付出又不求回報，這是善於為仁；水遇見圓的東西，必環繞而走，遇見方的東西，必折角而行，塞住必停止，放開就流淌，這是善於恪守信用；水能洗去萬般汙穢，能正確地評判高下，這是善於治理萬物；水用來載物，可以使其漂浮，用來照物，則清澈如本真，用於破壞，沒有什麼能夠阻擋，這是善於使用自己的能力；水無論白天黑夜，注滿一處以後便會向前流淌，是善於等待合適的時機。所以聖人順隨時機而行動，賢者針對不同的事情而變化，智者不用大動干戈去治理，通達的人當順應天時而生存。」

孔丘和南宮敬叔聽到老子對水有如此深刻的見解，心裏既欽佩又感到慚愧。

「依先生之見，丘當如何？」

「仲尼回到魯國以後，應該將言表之外的驕氣去掉，將臉上企圖實現大志的氣象去掉。」

孔丘一臉窘迫：「丘慚愧，定當牢記先生今日所言，以水為師。」

他們就這樣你問我答，直至日暮。

回到守藏室後，老子差小吏將孔丘需要的典籍一一找出，供他研讀。老子還特意請來萇弘大夫。

老子深知萇弘大夫除了樂理，還精通曆法推演、天象觀測、占卜、禮儀，乃周室少見的大才，故由他教授孔丘當是不二人選。老子還引孔丘參與祭神之典，考察宣教之地，觀摩廟會禮儀。

孔丘在守藏室一待就是三個多月，在這三個多月的時間裏，孔丘如饑似渴，除了當面求教於老子和萇弘之外，就是飽覽各種典籍，到了廢寢忘食的地步。

孔丘學成後，向老子辭行。洛邑的街道上熱鬧非凡。南宮敬叔已在落腳的館舍前將馬車備好，隨時準備啟程。老子和孔丘從館舍出來，邊走邊聊，一直走到馬車旁才止住腳步。老子拈鬚微笑道：「富貴之人送人錢財，仁德之人送人良言，老夫不富不貴，就竊取這仁德之名，再送仲尼幾句話吧。」

孔丘連忙施禮：「請先生賜言。」老子緩緩地說道：「聰明深察之人常會受到死亡的威脅，那是因為他喜歡議論別人；博學善辯而又識見廣大之人常遭受困厄，從而危及自身，那是因為他喜歡揭發別人的罪惡。做子女的要忘掉自己而心念父母，做臣下的則要忘掉自己而心存君主。」

孔丘聽了，深知老子的贈言珍貴萬分，這是警示他稍有不慎可能就會禍從口出，亦是出於一個宅心仁厚的長輩對後學的關懷和愛護。

孔丘長揖過膝：「丘定當謹記於心。」告別老子之後，孔丘與南宮敬叔坐上馬車，依依不捨地向魯國而去。回到魯國後，眾弟子問道：「先生拜訪老子，是否見到了他本人？」

孔丘道：「丘何其有幸，得以見之。」

弟子又問：「先生以為老子是怎樣一個人？」

孔丘想了想，說道：「鳥，我知道它能飛；魚，我知道它能游；獸，我知道它能走。在地上走的，我可以用網捕捉它；在水裏游的，我可以用釣鉤將它釣起；在天上飛的，我可以用弓箭將它射下來。至於龍，我不知道應該如何對付。龍乘風雲而直上九天，難見其首，亦難見其尾，我見到老子，就如同見到龍啊。」

眾弟子聽孔丘這樣一說，無不嘖嘖稱奇。

禮崩樂壞

老子送孔丘離開洛邑後，沒過多久，周景王因病薨逝，太子姬猛繼位。

周景王在位時，先立其長子姬壽為太子，因姬壽早死，遂立姬猛。只是景王又格外寵愛庶子姬朝，於病重時曾託付大夫賓孟扶立姬朝，結果還沒來得及實現自己的願望，就已病死。景王一死，單旗、劉卷伺機將賓孟殺死，仍擁立姬猛為王。姬猛繼位後，姬朝很不甘心，欲率領舊僚爭奪王位。

一天夜晚，大夫萇弘來拜訪老子。在姬朝和姬猛之間，萇弘偏向於扶持姬猛。他來的目的就是想知道老子會支持誰，又不好直截了當地問。此前，萇弘曾多次在守藏室有意或無意地試探過，每次都被老子將話題岔開了。待家僕進去通報後，萇弘在老子府院的大堂等候。沒過多久，老子迎了出來：「萇弘大夫，久等了。」

萇弘拱手道：「哪裏，近幾日俗事纏身，直至今日才得些許空閒，特來向先生討教。」

「萇弘大夫言重了，有請。」老子請萇弘到了客廳，他知道萇弘善飲，當即吩咐家僕將酒菜端了上來。

萇弘因心裏有事又不能明說，言談舉止比往常顯得客氣和拘謹。老子對萇弘來的目的自然心知肚明。萇弘若是不問，他自然不會主動提及。

「古有舜作〈大韶〉之樂，以頌帝德。今有周之雅樂，和以律呂，融禮樂歌舞於一爐。兩者可有何不同？」老子舉酒向萇弘示意。

萇弘也跟著舉酒：「周武王定天下時，曾奏以韶樂，並封賞功臣。周之雅樂深受韶樂影響，多用於祭祀，以敬奉天神。」

「樂合於道者，莫過於天籟。萇弘大夫以為然否？」老子問。

「先生所言正是萇弘心中所思。」萇弘一時來了興致，飲了一大口酒。

兩人從韶樂聊到李耳的大道學說，再從大道學說聊到民間疾苦和國家興亡，倒也投機。

酒過三巡之後，萇弘微醺。藉著酒勁，他指著窗外的夜空對老子道：「吾近日觀天象，見凶兆畢現，主星有東移之象，恐有江山易主之虞。不知先生如何看？」

「萇弘大夫善觀天象，李耳佩服。」老子又將酒斟上。

萇弘見老子沒有正面回答，就接著往下試探：「上次聽先生言大道之學，論及無為，如今乃是大爭之世，萇弘愚鈍，不知這無為該當何解？」

「無為，非不為也。治大國若烹小鮮，是以合大道而行，順勢而為也。」李耳說完，看了萇弘一眼。

萇弘歎了一口氣，將酒一飲而盡：「先王駕崩後，太子初登大寶，根基未穩。今有姬朝一黨早有異心，其身後又有朝中舊臣領有先王遺命，欲輔佐其篡位，我等為臣者又該當何為？」老子深知如今的朝堂早已是暗潮洶湧。從萇弘的神情來看，太子與姬朝兩方似都有所準備，付諸行動只怕是遲早的事。老子眼看周室王位之爭如箭在弦上，一觸即發，不禁搖了搖頭：「想要治理天下，卻用強制的辦法，我看他達不到目的。」

萇弘聞言，聽出老子的言下之意並不看好爭奪雙方。

「為何？」萇弘問。老子道：「天下的人民是神聖的，不能夠違背他們的意願和本性去強力統治。用強力統治，就一定會失敗。」

萇弘這下終於明白了，老子根本就無意於在這場爭鬥中偏向哪一方，也不看好這樣的爭奪會帶來什麼好的結果。他也知道，老子所追求的大道學說也不僅僅是口頭上說說，以他對老子的瞭解，老子向來言行一致，他絕對不會去做有違大道的事情。

萇弘自然不會勉強老子，以他和老子的交情，他也不希望老子真的被捲入這場爭鬥之中。而在老子看來，這樣的爭鬥注定會沒有贏家。無論是得天下者，還是治理天下者，無論是爭權者還是守權者，如果因為爭權奪利而置王室的安危於不顧，又豈會顧及天下百姓的安危？如果只知道依靠強硬血腥的手段，又怎麼能真正達到治理天下的目的？其結果一定會違背天下人的意願和本性，這樣得來的天下不可能長久。

正是出於對萇弘的愛護，老子才擺明了自己的態度，也算是對萇弘的一種提醒，至於萇弘能不能明白他的一番苦心，就不是他所能左右了。

萇弘明知老子所言句句在理，可歎的是，他對自己的選擇還存有幻想，自然不想輕易回頭，或許回頭比他此前所做出的選擇要更為艱難。既然已明瞭老子的心意，萇弘便不打算久留，匆忙起身告辭。

老子站在門口，直到目送萇弘的背影在黑暗中完全消失，這才轉身回府。此時，周都的夜空黯黑如墨，依稀只有兩三顆星星高懸。

不久，姬朝派人乘深夜潛入宮中，擄走了姬猛。單旗得知消息大吃一驚，慌亂中只好突圍而逃，姬朝的人馬挾持姬猛對單旗窮追不捨。追至半路，晉頃公派遣援兵及時趕到，不但殺退了姬朝，還救出了姬猛，並護送姬猛避於洛邑東北方向的王城。不久，又派兵護送他回到都城，不曾料想到的是，姬猛卻突然病死。

獲知這個消息後，老子預感到周王室又將掀起新一輪更為慘烈的爭奪。

果然不出老子所料，姬猛死後不久，晉頃公出兵支持姬丐復位。姬朝兵敗後，擄走眾多青銅禮器，還闖入守藏室，將珍藏的典籍劫掠一空。從此，周王朝禮崩樂壞，這導致各諸侯國之間的紛爭更加劇烈。

自從鄭莊公對抗周王室初成霸業以來，又歷兩百餘年的周王朝已開始走下坡路，一些諸侯國憑藉日益壯大的勢力，早已對周天子虎視眈眈，伺機稱霸。老子深知周王朝早已積重難返，如今王室又內亂頻生，正好給這些諸侯國以可乘之機。在老子看來，周王朝的衰微之勢已不可逆轉。因蒙受姬朝擄走典藏的失職之責，老子又遭罷免，他心灰意冷，決定離開洛邑。

這一年冬天，老子府裏銀杏樹上的葉子都掉光了，倒是有一株凌霄（紫葳科藤本植物）仍在牆根處向上攀緣，伸過了牆頭，正俯身看著院牆外的世界。

老子想到了萇弘，一個如此能洞察天機和人心的人，一旦陷入權力的爭奪當中，就等於時時將自己置於進退兩難的凶險之地，只怕到頭來或許不能得到善終。

老子獨自倚坐在窗前，他聽到通往府中水池的竹管裏傳來淙淙的水流聲，那聲音雖然細小，卻異常清晰。老子的思緒像這水流聲一樣，也漸漸變得清晰起來。

館舍論道

老子出府後，車馬緩緩行至洛邑街頭。自周敬王繼位後，經過幾年的治理和恢復，洛邑又暫時呈現出往日的繁華。街道兩邊，各種字號的鋪面林立。販賣雜貨和小吃的攤點前，叫賣聲撲面而來，此起彼伏。老子在車中微斂雙目，他想起在館舍前與孔丘的那次道別，一晃多年過去，當時情景卻仍歷歷在目。如今孔丘已成為北方的大賢，而此刻他也將離開這裏。老子的內心雖有諸多感慨，倒也平靜，就如同馬蹄在街道的青石板上發出清脆有力的響聲，卻只留下淡淡的印痕。

車馬行至一處館舍跟前時被人攔下，攔車的是周太學的學子們，他們對老子的大道學說仰慕已久，聽說老子辭官後意欲離開洛邑，便早早結伴在這裏守候。老子一進入館舍，館舍裏裏外外一下子就被圍得水洩不通。學子們的本意只是來給老子餞行，結果卻將這個館舍當成了向老子討教的講堂。

這時，有人急不可耐地問道：「請問先生，何為大道？」

老子整了整衣袍，目視眾人：「大道講的是天地變化的規律，也是自然運行的法則。道就像是一個器具，它是萬物得以生長的母體，有取之不盡用之不完的能量。看上去它混沌如同塵埃，卻能解除這世上眾多的紛擾，也可壓制住所有的鋒芒。它高深莫測，而又浩瀚無邊。我雖然不知曉它真正的來源，卻知曉它是萬物的初始，是天地變化的源頭。」

老子剛回答完第一個問題，馬上就又有人站了出來：「請問先生可知這天地如何變化？自然又如何運行？」

這個問題一問出來，老子不由得心裏一動。這麼多年來，他一直在苦苦追問和沉思的正是這個。

老子答道：「天遵循道的法則，道遵循自然的法則。道生一，一生二，二生三，三生萬物。萬物又分陰陽，陰陽抱合，使能量得以相互轉換，達成和諧，從而生生不息，成就天地之變化。有生有死，有增有減，此消彼長，週而復始，才是自然運行的法則。」

「依先生所言，請問，人應該怎樣做才能順應先生所說的道？」有人又問。

老子不緊不慢地喝了一口水：「凡是懂得大道的人，一定會注重自己的德行，從而做到返璞歸真。並將這種德行用來影響自己的家庭，這個家庭的德行就會彰顯出來，得到鄉鄰的仿效，並將這種德行傳播出去。倘若用這樣的德行治理國家，就會為這個國家帶來太平，倘若將這樣的德行傳遍天下，天下就會像得到陽光雨露的滋養一樣，充滿生機和活力。德行的光輝就會普照萬物……」

老子的話還沒說完，館舍門口突然出現了騷亂，有人吵吵嚷嚷著要從人牆外擠進來。來人這種莽撞無禮的行為自然引起眾人的不滿。

來人神色傲慢，只見他甩著袍袖，目不斜視，大搖大擺從眾人讓出的過道走進館舍，一直走到老子跟前，深施一禮：「在下拜見先生。」

這人約莫有三十歲，短頸，圓臉，中等身材，衣著華貴。眾人被他氣勢所攝，一時也沒了動靜。

老子不動聲色地問道：「敢問閣下是誰？」

來人答道：「回先生，在下陽子居，現居沛地，經大梁而來，前日才到洛邑。今日正好路過此處，意外得知先生在此，特來討教。先生以為應當如何做，才能既造福於民，又有利於自身？」

老子不禁眼中一亮，沒想到這個年輕人能問出這麼好的問題。他微笑著答道：「天下人都知道美之所以為美，是因為這世上還有醜惡的東西；知道善之所以為善，是因為還有不善的東西。所以才會有有無、難易、長短、高下、音聲、前後這些對立的概念。聖人不刻意去做什麼事情，任萬物生長而不加以干涉，有所創造而不據為己有，有所作為而不居功自傲。正因為不佔有，他才不會失去。才能真正做到像你所希望的那樣，既造福於民，又有利於自身。」

陽子居又問：「先生，人生在世，又當如何看待自身的名望？」

老子答道：「知人者智，自知者明。一個人的名望如果合乎自身，為人處事就用不著再去彰顯自己的名望。行事不顯示名望的人，即使平庸也有光輝。」

陽子居讚歎道：「先生所修之大道，果然高深。」老子繼續道：「善於修煉大道的人，見解往往微妙神祕，總給人一種深不可測的印象，所以生怕自己的言辭表達不夠準確，才會努力去解釋。他們剛開始修煉的時候，就像在冬天過冰河那樣小心翼翼，尤其害怕影響到鄉鄰，高興的時候，他們就像冰融化一樣悄無聲息。因此，他們敦厚起來才會樸實無華，豁達起來才會虛懷若谷，混沌起來才會像濁水一樣。如何才能讓濁水變清呢？唯有安靜。如何能讓安靜變得持久呢？唯有讓自己的行動像生長時那樣循序漸進。修煉大道的人不會驕傲自滿，正因為如此，才能推陳出新。」

陽子居聽後，想到自己未來見老子之前，一直不知道如何自處，不禁深感羞愧。聽老子這樣一說，不禁心悅誠服。

他向老子拜倒在地，說道：「弟子今天領受先生教誨，受用一生，請受弟子一拜！也懇請先生將弟子收入門下，弟子當潛心研習先生之大道學說，望先生成全！」

老子不禁拈鬚微笑，點了點頭。陽子居大喜，連忙重新見禮。眾人見陽子居拜了老子為師，一個個唯恐落於人後。只見整個館舍的裏裏外外，齊刷刷拜倒一片。

館舍外幾株桃樹和李樹搖著灼灼的花瓣，藉著春風，喜滋滋地將落英送到人們的衣上、髮間。

宛城收徒

老子抵達楚國宛城（今屬湖北荊門）的消息很快就傳開了。宛城是通往周都的要道，來往的客商絡繹不絕。因館舍狹小，聽眾雲集，老子只好將講說大道的地點轉移到城西的一株古樟下，此處平坦開闊，不光是達官顯貴，來來往往的販夫走卒也可以駐足聆聽。

有一天，一位叫庚桑楚的男子來拜見老子。他自稱來自楚國北邊的畏壘山，聽聞老子在宛城傳道，特意尋來。眾人見此人衣著簡樸，個子矮小又其貌不揚，都沒怎麼把他放在眼裏。

每次老子講學的時候，眾人都爭先恐後往前面擠，唯獨庚桑楚不爭不搶，總是站在人群後面。庚桑楚只是凝神傾聽，從不主動提問，一連幾日皆是如此。老子留意到此人心性沉穩，目光堅定，在眾人中極為少見，因而待眾人散去之後，獨將庚桑楚留下，於館舍相談。

老子問：「我見你日日來聽講，但卻從不發一言。你可有什麼想說的話嗎？」

庚桑楚微一沉吟，歎道：「如今各國窮兵黷武，以至民不聊生，朗朗乾坤卻好似暗夜一般。」

老子沒想到這年輕人其貌不揚，倒是個心懷天下蒼生的賢士。他也歎了一聲，道：「軍隊本是國家為防不測之器，不是君子該輕易使用的，只有在迫不得已的時候才能使用啊。」

庚桑楚道：「前不久，弟子遇到一位將軍，他向弟子誇耀如何因偷襲敵人而獲得了勝利。」

老子道：「如果依靠鋒利的兵器偷襲對方，即使獲勝也不光彩。有喜歡用這種戰術的人，跟樂於殺人的劊子手沒有區別，這樣的人是不可能贏得天下的。」

庚桑楚問：「那依先生之見，將軍在陣前當如何用兵？」

老子答道：「用兵有這樣的說法，我不主動進攻，寧願被迫反擊，不輕易向對方推進一寸，寧可退讓一尺。所以，行動之前讓對方看不到你的動機，欲進擊卻不讓自己的手臂顯露出來，欲殺敵卻不露出兵刃，欲制服對手卻讓對方感覺到自己無敵，從而讓對方輕視你。災禍的降臨莫過於輕視敵人，如果是你輕視了對手，則會喪失自己所有的優勢，故兩軍實力相差無幾時，能認識到自己不足的軍隊必勝。」

庚桑楚又問：「在戰場上，一個將軍當如何看待勝負？」

老子答道：「捷報可以鼓舞士氣，吃了敗仗則讓人冷靜。偏將軍應側重威猛，上將軍則應以大局為重。身為將軍，對陣亡者應以悲哀的心情予以緬懷，獲勝後，也應以喪禮來處置。」

庚桑楚很是不解：「對待陣亡的敵人也要像辦喪事一樣嗎？」

老子面色一沉，道：「就算是敵人，他們在參戰之前，跟參戰後並沒有什麼區別。一個敬重自己對手的將軍，也必將贏得對手的敬重。一個善待對手的將軍，也必將被對手所善待。」

庚桑楚從未見一個人能像老子這樣，胸懷坦蕩，淡泊沉著，而又對天道人倫有如此獨特深刻的理解。

一連數日，老子徹夜與庚桑楚論道，兩人無所不談，庚桑楚遂得老子真傳。

庚桑楚拜別老子那天，老子站在館舍前，目送庚桑楚遠去。只見天際有一股烏雲久久不散，彷彿要把遠山的輪廓壓得更低，其間偶爾伴有電光忽閃。與之形成鮮明對比的是，他此刻的頭頂卻是天高雲淡，碧空如洗。宛城街邊來往的行人似乎也看到了天邊的異象，但他們並沒有當回事，埋下頭，又繼續各自的忙碌。

此情此景，讓老子感覺如同身處幻境。他曾無數次懷疑過，也無數次求證過，如今大道雖明，而這天地之間的人心卻依舊混沌。

隱居沛地

老子剛抵達宋國的商丘（今河南商丘），他的弟子陽子居聞訊後，也帶著家僕和車馬趕到老子落腳的館舍。

將老子接到沛地後，陽子居暫時安置老子在自己的府中住下。這期間，陽子居陪著老子飽覽了沛地各處的風光，使老子萌生了在沛地隱居的想法。陽子居得知老子有此想法後，自然是求之不得。正好他受好友之託看護一處老宅，而好友已在秦國為官，全家遷走後十數年杳無音信。現在這處宅子恰巧可以派上用場。

這是一個陽光明媚的春日。薄霧已經散去，在一條蜿蜒的土路上，老子和陽子居所乘坐的馬車行駛得有點緩慢。不時有正在覓食的白鷺、鵜鶘、長腳鷸突然從沿途的湖岸邊驚飛而起。沼澤地裏的菖蒲正長得茂盛，它們用葉片傳遞著屬於自己的獨特清香。遠遠望去，大片的蘆葦正處於孕穗期，它們隨風搖曳，發出細微的沙沙聲，像風的絮語。

宅子坐落在青山綠水之間，屋後樹木參天，綠蔭如蓋，屋側則長有一大片楠竹林，一根根粗壯挺拔，枝葉繁密。通往宅子的坪地和階台上，積滿厚厚的落葉和塵土。庭院裏的水池早已乾枯，各種野草蔓生。因常年無人居住，宅子的裏裏外外早已變得破損不堪。

老子看完宅子後，對周圍的環境非常滿意。陽子居請來泥瓦匠、木匠、小工，花了數日將宅子修繕一新。

在沛地隱居下來後，除了陽子居常來之外，老子慢慢謝絕了其他的來訪者。老子平時極少外出，只有每年到了商容的忌日，才出趟遠門，到恩師的墳前拜祭。

自從吳國的公子光在伍子胥的幫助下奪取王位後，吳國勵精圖治，日益強大。多次伐楚，楚國節節失利。

老子想到自己的弟子庚桑楚在楚國一心奉行大道，而無休無止的戰亂卻席捲而來，不禁感到有幾分擔憂。

話說庚桑楚回到畏壘山之後，見家僕中凡是有炫耀才智的，一概不用。侍婢中有標榜自己賢淑的，也一律不用。只將敦厚樸實的人留在身邊。

有一個叫南榮趎的人感到不解，問他為何要這樣做。

庚桑楚答道：「老子曾教導我，道德修養愈高的人，愈能像草木那樣，淡泊無爭地生活。而那些自以為是的人，並不知曉自己的言行會帶來怎樣不好的後果。我這樣做，只是想讓他們提前得到教訓而已。」

南榮趎聽了庚桑楚的回答後非常佩服，執意拜庚桑楚為師。

從前的畏壘山因地處偏僻，消息閉塞，人的視野比較狹隘，又加上民風剽悍，人與人常常一言不合就拳腳相加，導致社會極不安定。庚桑楚一回到畏壘山，就開始廣收弟子，弟子受到他的教化，又去教化他們身邊的人。

不出幾年，畏壘山的風氣和面貌有了很大的改觀。受到教化的百姓相處和睦，社會安定，百姓的心思就放在了田間地頭，地裏的莊稼生長旺盛，連年獲得豐收。這對於畏壘山而言，簡直就是個奇蹟。因此，人人都在稱頌庚桑楚的功勞，處處都有人談論他，個個都敬重他，認為他就是當今的聖人。

庚桑楚聽到這樣的談論之後，感到憂心忡忡，整天愁眉不展。

他的弟子南榮趎則認為庚桑楚完全當得起聖人之稱。

庚桑楚道：「猛獸一旦獨自走出叢林，就免不了被人網羅的命運。大鯨一旦在沙灘擱淺，螞蟻也能將其啃噬殆盡。你難道不知道嗎？野獸之所以擔心林木不夠繁密，魚鱉之所以嫌棄水道不夠幽深，皆因為林木繁密之地野獸才能更好地隱藏自己，水道幽深之處大的魚才可以藏匿於無形。凡是能保全自己的人，皆善於隱藏自己。」南榮趎還是不能理解：「先生是擔心自己的安危才這樣嗎？」庚桑楚道：「並不完全是這樣。你想想看，世人若將心思放在舉賢任能上，就會助長貪慕虛榮之心，富有心機的人就會想方設法欺世盜名，人與人之間就會構成傷害。這種做法不僅不能給世人帶來好處，反而會禍害無窮。」

南榮趎雖是庚桑楚的弟子，卻比庚桑楚年長。聽了庚桑楚的話，深為自己的狹隘而感到羞愧。問道：「先生，弟子要如何才能修煉得跟先生一樣呢？」

庚桑楚道：「養好你的身體，集中你的精力，用不了幾年，你就能跟我一樣了。」

南榮趎道：「先生和弟子在形體上應該是相同的，為什麼先生能修煉至此，而弟子卻不能，是因為人在對外物的感知上有很大的差別嗎？」

庚桑楚道：「人和人看似一樣，才能卻有大小之別。我現在所說的話並不能啟發你，是因為我的識見有限，你還是去請教比我更高明的人吧。」

南榮趎問道：「難道還有誰的識見能超過先生？」

庚桑楚道：「當今能真正稱得上聖人的人，唯有一人。」

南榮趎問道：「請先生明言。」庚桑楚道：「此人就是我的老師老子。我現在只是將老子先生教給我的，再教給了你。他的學問和境界要遠遠高於我。」

南榮趎問道：「先生可知老子現在何處？」

庚桑楚感歎道：「聽聞老子已隱居在沛地。即便是像他這樣的聖人，也要遠離是非，隱藏自己啊。」

南榮趎道：「弟子想去拜見老子。」

庚桑楚道：「你去吧，老子會解答你所有的疑問。」

南榮趎打點好行裝，備足了乾糧。第二天就來向庚桑楚辭行。

臨行前，庚桑楚特意把老子的年齡、身材和相貌詳細向他描述了一番。南榮趎牢記於心，然後獨自前往。

南榮趎一路風餐露宿，整整走了七天七夜才抵達沛地。

這天，老子在家中靜坐兩個時辰之後，見天氣很好，就在屋側的竹林裏砍了一根拇指粗細的竹子，做成釣竿，然後帶上魚餌，來到二里外的湖邊垂釣。

湖面上微波蕩漾，成群的水鳥在湖中嬉戲，間或突然飛起，盤旋於上空。老子在岸邊挑了一處有石頭的地方，坐了下來。他手執釣竿，全神貫注地盯著露出水面的一截釣線，只等魚兒上鉤。

一個在田間勞作的農夫告訴南榮趎，只要找到這個湖，離老子住的地方就很近了。找到湖之後，他看見岸邊的一棵柳樹下坐著一個垂釣的老者，不由得喜出望外。

南榮趎走到老者跟前，畢恭畢敬地行禮問詢：「老人家，請問老子住在何處？」

老者抬起頭看了南榮趎一眼：「先生找老子有何事啊？」

南榮趎見這老者鬚髮眉毛皆白，雖穿一襲粗布衣，衣服上還綴有補丁，卻容光煥發，神定氣閒，心想此人肯定也是一位高人，說不定他正好認識老子。

南榮趎躬身答道：「在下想向老子當面求教。」

南榮趎話音剛落，水裏的釣線忽然動了起來。

老者不慌不忙地提起釣竿，一尾兩指寬白晃晃的鰱魚被釣了上來。南榮趎眼睜睜看著老子取下魚，然後又將魚放回水中，感到甚是奇怪。心想，這天底下哪有人把魚釣上來又放回去的？

老者見南榮趎呆立在一旁，笑呵呵地問道：「先生從何而來？」

南榮趎道：「在下從楚國的畏壘山而來。」老者又呵呵笑道：「先生看看老夫，像不像你要找的老子？」南榮趎看了看，直搖頭：「不像。」「哪裏不像？」老者問道。「除了耳朵像以外，哪裏都不像。」南榮趎想到臨來前庚桑楚對老子的描述，通過一番對比後老老實實答道。

老者聽了哈哈大笑：「庚桑楚見到老夫的時候，老夫還年輕。」

一聽老者脫口就能說出自己老師的名號，南榮趎這才確信眼前之人乃老子無疑，慌忙拜倒在地：「先生，是弟子眼拙，請受南榮趎一拜！」

老子俯身將南榮趎扶起。一陣輕風吹來，不遠處，幾隻水鳥正拍打著雙翅貼著湖面飛過，著水處，水花四濺，激起一圈圈波紋，經久不散。

樹影輕搖，和煦的日光透過密密匝匝的枝葉投射在地面上，斑斑點點。老子將南榮趎帶進了院裏。

老子道：「你此番前來，可不止一個人啊。」南榮趎聞言嚇了一跳，忙回頭張望，不遠處，老子餵養的一頭青牛正在低頭吃草。除此之外，身後再無他人。他一時不明白老子話中的意思，只好問道：「先生何出此言？」

老子道：「你來時，我見到的第一個你心神不定，第二個你猶疑不決，第三個你患得患失，第四個你誠惶誠恐，第五個你不知所措。難道這還不夠多嗎？」

南榮趎聽老子這樣一解釋，不禁羞愧難當：「弟子竟淺陋至此，慚愧。」

老子道：「觀其形，察其心。世事如此紛擾，為人最難得的是不迷失自己的真情和本性，此時的你，瞻前顧後，心無定見。想隨波逐流，又擔心失去自我。想找回自我，卻又不知從何著手。故迫切想找尋正確的方法。」

南榮趎大為欽服，道：「弟子此番前來，正要請先生指點迷津。」

老子道：「不急，你先在這裏住上一段時間吧。」

南榮趎住下後，老子仍然跟平常一樣，我行我素，好像自己家裏並沒有這樣一位客人的存在。只是在用膳的時候，相互打個招呼。每次當南榮趎正欲開口發問的時候，老子的神情又讓他覺得時機不對，總是話到嘴邊又嚥了回去。

他開始在一旁學著老子的樣子。老子靜坐的時候，他也靜坐。老子去地裏勞作的時候，他也跟著在一旁勞作。老子不作聲，他就保持沉默。老子在白天望著天空發呆，他則在夜晚望著星空發呆。老子一個人在屋前的小路上轉悠，他就一個人去到屋後的林子裏轉悠。

到了第五天，南榮趎實在是忍不住了：「先生，弟子已在此叨擾多日，還請先生早日賜教。」

老子看了他一眼，捋了捋自己白得發亮的鬍鬚：「不急。再多留幾日。」南榮趎只好又回到自己住的那間客房，一個人要麼在房間裏踱來踱去，要麼傻傻地盯著牆壁上斑駁無序的凹痕，一盯就是大半天。他只知道自己的身體在房間裏，心卻不知道要放在哪裏，亂得很。

南榮趎好不容易捱到了第九天。老子見南榮趎的臉色不好，精神也萎靡不振，終於開口說道：「這幾日我看你雖然有所反省，卻仍然受困於外物，以致內心不能獲得真正的安寧。故而你的言行難免急促，欲求速達。即便是道德高尚之人，若不能擺脫外物的困擾，亦會感到束手束腳，更何況是你呢？」

南榮趎馬上問：「弟子要如何做，才能不受困於外物？」

老子道：「相對於大道而言，你將大道視同外物，大道自然也會將你視同外物。你雖一心尋求大道，卻渾然不知自己正在大道之中，又怎能不深受其困？」

南榮趎一拍腦門：「先生所言甚是。能說出自己病情的人，尚能醫治。像我這樣對自身的病情一無所知之人，最為可怕。還請先生醫我！」

老子道：「你的病不在其身，而在其心。天地之所以長久，是因其從來不為自己考慮，無所欲求，故能長生。正因如此，有見識的人就會去效仿它，摒除掉所有的私心雜念，與天地相融，合而為一，故能明瞭上天賦予的使命，而得以成就自己。」

南榮趎又問：「先生，如何才能讓自身與天地合而為一？」

老子道：「保持心情愉悅，讓呼吸變得通暢平和，才能養護好自己的身體，而免受病痛的折磨，使身體能跟上精神的節奏，就算是身體受損，也應像被摧折的草木一樣，從不喪失蓬勃向上的意志。

真正信奉天道的人，不用占卜就能預知吉凶，無須刻意去效仿別人就能讓自身趨於完善。」

南榮趎道：「先生所言，也正是弟子所願。」「你知道為什麼嬰兒啼哭不止，喉嚨卻不會嘶啞？」南榮趎搖頭。「因為嬰兒的啼哭與自然達成了和諧。」

南榮趎想了想，覺得老子說的話的確很有道理。

老子又問：「嬰兒為什麼將小手抓成拳頭而不輕易鬆開？」

見南榮趎又搖頭，老子道：「並不是因為嬰兒感到緊張或者害怕，而是出於一種天然的本能。」

南榮趎聽得張大著嘴巴，像是在迫切地等著他繼續往下說。老子又道：「嬰兒一旦睜開雙眼，就不會輕易眨動。因為他們的內心不會受到外物的影響。當他們學會行走的時候，也沒有自己確定要去的地方，平時也不會去思考做一件事情的意義。他們只是看到什麼就是什麼，率性而動，任意而為。」南榮趎道：「難道先生也希望我活得像嬰兒一樣嗎？」

老子答道：「當然不是。老夫只是想告訴你倘若一個人活著，視外物和聲名為累贅，不從眾，不工於心計，不參與爭端，能擺脫凡俗事務的纏繞，無拘無束地走，隨心所欲地來，合乎天道和自然，就不會像你現在這樣心神不寧。」

南榮趎道：「弟子在畏壘山也常聽恩師傳授先生的大道之學，皆因弟子心有旁騖而未能有更深的領悟。先生今日所言，弟子已牢記於心。」

老子撫著垂到胸前的長鬚呵呵笑道：「年輕人，你可以回去了！」

南榮趎雖心有不捨，但也只得聽從老子的話。

第二天清早，南榮趎向老子辭行。老子牽著青牛一直將他送到湖邊垂釣的地方。

南榮趎想到來時看見老子釣魚時的情形，心裏突然一動，不禁問道：「先生，弟子尚有一事不明，還望先生教我。」

見老子點頭，南榮趎問道：「剛來的那天，弟子見先生將釣上來的魚又放入水中，弟子一直沒想明白，這是為何？」

老子好像猜到他會有此一問，答道：「我有心釣之，卻無心將所釣之魚據為己有。這湖中之魚雖有心覓食，亦無心成為他人的盤中之物。故將所釣之魚放還，無非是順應自然而已。為人處世，唯順應自然，方可守住本心，從而領悟大道。」

至此，南榮趎終於幡然醒悟，也徹底被老子的為人和學問所折服：「先生乃真聖人也。」

他話音剛落，老子牽著的那頭青牛突然仰起脖子叫了一聲，像是在肯定他剛才所說的話。

南榮趎滿心歡喜，向老子拜別。

再授孔子

孔丘任中都宰時已經五十一歲。他治理中都（今屬山東濟寧）不到一年時間，已然是政績斐然，被尊為大賢，人人尊稱他為孔子。

孔子早已聽聞老子在沛地隱居，而中都與沛地相距又不是太遠，特攜弟子前往，拜會老子。

時隔二十年後，兩位聖人再一次聚首。正好這天是商容先生的忌日。老子事先並不知曉孔子會來，他和弟子陽子居正備好馬車和祭品準備出門。

見到孔子師徒，老子非常高興。

孔子得知老子是去祭拜恩師，表示願意跟隨老子一同前往。於是孔子當即吩咐弟子調換馬車，將自己乘坐的那輛讓給陽子居，由他在前面引路，他則和老子共乘，以便沿途討教。

一行人一路向北，與孔子來時的方向一致，只是道路不同。馬車先是在湖邊七拐八拐，然後在山林中顛簸，待上了大道，才慢慢平穩下來。

老子問道：「仲尼因何而來？」孔子答道：「丘雖精思勤習十數載，始終未入大道之門，故特來向先生求教。」老子道：「若想進入大道，先得將自己的心游移至最初的狀態。天、地、人、物，日、月、山、河，其形態和性質皆有所不同。它們的相同之處在於皆順應自然而或生或滅，皆隨著自然而或行或止。人知曉其不同，都是通過觀察其外表來進行判斷，而知曉其相同，就得瞭解它們的本真。捨棄其不同去觀察其相同之處，才可以將自己的本心游移到物體最初狀態。」

孔子問：「先生，請問何為物體最初的狀態？」

老子道：「物體最初的狀態，混沌一體，無形，無性。」

孔子又問：「知道其相同，又有什麼能讓人感到愉悅的呢？」

老子答道：「知道其相同，人就會找到和萬物的相同之處，看似不同的東西也會相同。如將人的生死視同晝夜，禍與福同，吉與凶同，無貴無賤，無榮無辱，我行我素，清靜自在，這難道不讓人感到愉悅嗎？」

孔子深深地點了點頭：「乘船可漂浮於海上，乘車可行駛於陸地。進則同進，止則同止，何須以自己本身的力氣去代替船和車？君子並非其本性不同，只是比他人更善於藉助於物。」

老子微笑道：「聖人處世，遇到事情不刻意躲避，事情發生轉變，也不刻意去維護其原貌，而是隨著物的變化，順勢而為。」

兩人正說著，馬車又開始顛簸起來。車輪在下面不時發出沙沙的響聲，有時甚至有刺耳的撞擊聲。愈往前，速度愈慢，顛簸得也愈是厲害。

孔子從車窗往外看了一眼，只見前方峭壁聳立，原來馬車已駛離大道，此時走的是一條滿是沙土和碎石的山路。

老子道：「前面是玄牝門，再過去一點就是谷神山。此路車馬難行。」

兩人遂下車步行，讓車伕牽著馬車慢慢跟在後面。孔子順著老子用手指著的方向望去，只見前方不遠處，眾峰分立兩旁，如同敞開了一扇大門。再往前，一山獨大，像是要堵住門口，又像是在等候來者通過這扇門。

孔子覺得這地名取得甚是玄妙，出於好奇，問道：「先生可知此處的地名當作何解？」

老子邊走邊答道：「生養天地萬物的道，也就是谷神，是永恆長存的，這叫作玄牝，是玄妙的母性。玄牝之門，就是天地的根本。」

孔子道：「依先生之意，這生養天地萬物的法門，才可稱之為大道？」

老子點頭道：「仲尼所言正是。」見孔子像是在沉思什麼，老子又接著前面的話題侃侃而談：「大道之深沉就如同大海，大道之高大就像此處的高山，大道遍佈環宇而無處不在，周流不息而無物不至，刻意去尋求反而不可得。大道生育天地而不衰敗，滋養萬物而不匱乏。天得之而高，地得之則厚，日月得之而能夠運行，四時得之便有了秩序，萬物得之就有了形狀。」

孔子聽得認真，也聽得癡迷，老子的話像是具有一種魔力，讓此時的孔子感覺自己一會兒像鳥一樣在空中飛翔，一會兒像魚一樣在海底潛游，一會兒又感覺到自己的身體好像跟眼前的山林已融為一體，彷彿自己已胸藏萬物，而萬物又皆成了自己，以致物我兩忘，心曠神怡，就連腳下的步子也變得輕快了許多。

不知不覺，老子一行已行走數里。過了玄牝門和谷神山，眼前豁然開朗，一條大道直通遠方。老子和孔子等又重新上車。

「駕！」兩人剛坐穩，只聽見最前面那輛車的車伕一聲大喝，然後將馬鞭在空中一甩，鞭子重重地抽在馬背上。馬車立刻加速，後面的馬車也緊跟其後，像是要將剛才耽擱的時間給追回來似的，頓時車輪滾滾，塵土飛揚。

商容先生的墓地離黃河很近。眾人抵達時，能隱約聽到沉悶的濤聲。陽子居在商容的墓前擺放好祭品。老子則將墓上塵土和滋生的雜草清除乾淨。待眾人在商容先生的墓前祭拜完後，太陽已經偏西。

老子和孔子來到黃河岸邊，並肩佇立。河風猛烈，兩人如同石雕，任衣袂狂舞，身子卻巋然不動。放眼望去，視野極為開闊。前方群山蒼茫，雲蒸霞蔚，氣象萬千。足下則濁浪滔天，浩浩湯湯，其勢猶如萬馬千軍，奔騰不息。水流洶湧處，其響聲恍若雷鳴，不絕於耳。

孔子不覺歎道：「逝者如斯夫，不捨晝夜。時間就如同這黃河之水一樣，流逝不止。河水不知何處去，人生也不知何處歸啊。」

聞孔子此語，老子道：「人與天地實為一體。一個人的一生有幼、少、壯、老之變化，猶如天地有春、夏、秋、冬之交替。人生於自然，也死於自然，若任其自然，則本性不亂。仲尼又何必神傷呢？」

「丘聞先生所言，自歎弗如。先生何以修煉至此？」孔子問。

老子答道：「順應自然之人，是有德行之人，隨勢而順應自然之人，則是得道之人。全在於天地造化啊。生死、是非、貴賤、榮辱，皆是人為的價值觀，瞬間有可能又被人所顛覆。知此大道，則順應變動而不糾結，管它天搖地動，皆可以面不改色，處之泰然。」

孔子向老子深深一揖，道：「先生所言之大道，真乃無邊無際。丘要向先生求教之處還有很多！」

老子也鄭重還禮，說道：「恩師在世時曾贈我一言：大道在前，當身心俱行。今謹以此言與仲尼共勉。」

此時西天的晚霞如同從火爐中噴湧而出的鐵水，有鑲著金邊的彤紅，懸垂於遠山之巔，格外引人注目。

孔子拜別老子回到魯國後，老子的話語還在他腦海中盤旋、迴響。

函谷著書

此時天下分崩，連年戰亂，禮義俱亡，老子心懷蒼生，卻知大勢如此，於是想要出函谷關，從此隱姓埋名。

這一年正值仲夏時節。老子獨自騎一頭青牛，向函谷關而來。

這時節，按說四野應是一片欣欣向榮的景象。

老子一路行來卻看到一片荒涼。沿途既看不到荷鋤忙碌的農夫，也看不到成群結隊的牛羊。目之所及，到處是戰爭帶來的斷壁殘垣。道路兩邊的田地裏，雜草和高粱在飛揚的塵土裏交纏。亂石縫裏，偶爾可見散落的豆籽和稻種所拱出的嫩莖，它們似乎在拼盡全力，只為彰顯土地應有的生機。

老子前往的函谷關，西據高原，東臨絕澗，南接秦嶺，北塞黃河。谷底道路蜿蜒相通，崎嶇而幽深，人在其中行走，如入函中。關道兩側，則絕壁陡峭，峰巖林立。關口夾於兩山之間，地勢異常險峻，易守難攻，是當時由秦入周的一處咽喉要塞。

函谷關的關令尹喜善觀星象，喜讀古籍，有深厚的學養，對老子的大道學說更是神往已久。這天，尹喜像往常一樣，一早登上函谷關的關城察看。忽見東方紫雲聚集，形如飛龍，由東向西滾滾而來。此天象一出，尹喜立即意識到是有聖人來此。

尹喜忙除去戎裝，沐浴更衣，不帶一兵一卒，親自沿著山道去迎接。

老子似乎並不急著趕路，他騎坐在青牛上，微斂雙目，一路慢慢悠悠。看樣子，老子雖騎行於山道之間，其神思卻已神遊天地之間。直到晌午時分，尹喜才看到一名騎牛老者在山道的拐角處出現。只見牛背上的老者白髮如雪，其眉拂鬢，雙耳垂肩，素袍紅顏，認定這位老者就是他期盼已久的聖人老子。

不等老子從牛背上下來，尹喜趕緊趨步上前，跪拜在老子跟前，道：「函谷關關令尹喜，有幸拜見聖人！今特來迎聖人入關。」

老子見叩拜之人氣度不凡，笑道：「老夫並非什麼聖人，關令大人行此非常之禮，老夫實不敢當。」

尹喜再拜道：「尹某守候先生多日，請先生不棄，留宿關舍，以求大道。」

老子道：「關令如何認得老夫？」尹喜答道：「尹某不才，任大夫一職時，就早慕先生聖名，只可惜先生已離朝隱居數年，故一直無緣當面向先生討教。今見紫氣東來，知定有聖人西行。紫氣翻滾宛若游龍，知來者至聖至尊；紫氣之頂白雲繚繞，知聖人白髮盈首；紫氣有青牛星相伴，知聖人定騎青牛而至。此聖人，除了老子，還能有誰？」

老子聽罷，拈鬚微笑，心想，此人雖為關令，卻輕衣簡從，不惜遠迎，足見其用心之誠。再加上此人性定神穩，才思敏捷，必是可造之才。遂從牛背翻身下來，隨其入關。

尹喜大喜過望，忙引老子至關舍，奉為上賓。

為留住老子，尹喜靈機一動，故意激他道：「先生乃當今聖人，先生之大道，乃天下人之大道，先生不應將平生所學據為己有，應該拿出來讓天下人共同受益才是。」老子明知這是激將法，也不點破，只覺得尹喜所說也不無道理，就答應他留了下來。

在老子看來，函谷關雖地處偏遠，遠不如洛邑無名峰前的景色那般秀麗，卻也自有其堅毅之態和壯美之姿，一如他此時的心境：淡泊，篤定，而又堅如磐石。

老子留下來後，一連幾日，尹喜都緊隨其左右，幾乎形影不離。在他的再三懇求下，老子答應收其為弟子，與之徹夜長談，悉心傳授。

一日，尹喜陪老子漫步於山中，兩人一路邊走邊談。山道上灌木叢生，隨處可見細碎搖曳的野菊花，這些花朵或黃或紫或白，星星點點，綴於雜草和矮樹之間，它們自顧自憐，自開自滅。老子心裏一動，不禁歎道：「這世間的芸芸蒼生莫不如是啊。」說罷，仰起頭，指著天上奔走不息的雲，問道：「你可知道它們都去了哪裏？」

尹喜心想，莫不是老子又萌生了出關之念？於是尹喜謹慎回答道：「弟子不知。」

老子道：「為師此刻心如浮雲，待明日出關後，亦不知將去往何處。」

尹喜聞言心裏一慌，他哪裏捨得老子就此離去，左思右想，又是靈機一動道：「依先生之行蹤，確如那浮雲無異，若千年後只怕誰都不會知曉先生會身在何處，隱居於何地。到那時，想求得大道之學的人，定然也不知在哪裏才能找到先生。大道猶如甘霖，世人皆求之若渴，先生何不在此就將這大道之學寫下來。尹某雖然淺陋，願代先生將此學傳於後世，以流芳千古，造福萬代。」

尹喜之言，果然一下觸動了老子的心弦。

此時的老子，亦感到自己窮盡心力所尋求的大道學說已臻成熟和完善，是到了該將它寫下來的時候。於是，老子答應多留幾日，就在尹喜專門為他提供的關舍裏，閉門著書。

此時老子提筆，竟如有神助，以往所經歷的種種，無一不像是在眼前，以往說過的理、論過的道，也言猶在耳。筆墨之所至，文思隨之，如同泉湧，無不酣暢淋漓。

數日後，老子以王朝的興衰成敗為鏡，以百姓的安危禍福為鑑，再結合自己平時的所思所想所悟，追其根，溯其源，著上、下兩篇，洋洋灑灑共五千言。

上篇起首為「道可道，非常道；名可名，非常名；無名，天地之始；有名，天地之母」，故後人稱之為《道經》。下篇起首為「上德不德，是以有德；下德不失德，是以無德」，故稱之為《德經》。

《道經》言宇宙之本根，含天地造化之玄機，蘊陰陽變幻之微妙；《德經》言為人處世之良方，含人事進退之要術，蘊長生久視之天道。上篇和下篇合稱為《道德經》。

老子出關那日，函谷關前，山色澄明，祥雲高懸。

老子親手將寫就的書簡贈予尹喜。尹喜跪伏在地，高舉雙手，鄭重接過幾卷書簡，一時情難自抑，淚流滿面。在萬般不捨之下，師生就此道別。

山風如旗，衣袍獵獵。唯有巍巍函谷，悄然將這一刻銘記於谷之底、山之巔。

《道德經》上篇

一章

道可道，非常道；名可名，非常名。無名天地之始，有名萬物之母。故常無欲，以觀其妙；常有欲，以觀其徼。此兩者同出而異名，同謂之玄，玄之又玄，眾妙之門。

二章

天下皆知美之為美，斯惡已；皆知善之為善，斯不善已。故有無相生，難易相成，長短相較，高下相傾，音聲相和，前後相隨。是以聖人處無為之事，行不言之教，萬物作焉而不辭，生而不有，為而不恃，功成而弗居。夫唯弗居，是以不去。

三章

不尚賢，使民不爭；不貴難得之貨，使民不為盜；不見可欲，使民心不亂。是以聖人之治，虛其心，實其腹；弱其志，強其骨。常使民無知無欲，使夫智者不敢為也。為無為，則無不治。

四章

道沖而用之或不盈，淵兮似萬物之宗。挫其銳，解其紛，和其光，同其塵，。湛兮似或存。吾不知誰之子，象帝之先。

五章

天地不仁，以萬物為芻狗；聖人不仁，以百姓為芻狗。天地之間，其猶橐籥乎？虛而不屈，動而愈出。多言數窮，不如守中。

六章

谷神不死，是謂玄牝，玄牝之門，是謂天地根。綿綿若存，用之不勤。

七章

天長地久。天地所以能長且久者，以其不自生，故能長生。是以聖人後其身而身先，外其身而身存。非以其無私邪？故能成其私。

八章

上善若水。水善利萬物而不爭，處眾人之所惡，故幾於道。居善地，心善淵，與善仁，言善信，正善治，事善能，動善時。夫唯不爭，故無尤。

九章

持而盈之，不如其已。揣而梲之，不可長保。金玉滿堂，莫之能守。富貴而驕，自遺其咎。功成身退，天之道。

十章

載營魄抱一，能無離乎？專氣致柔，能嬰兒乎？滌除玄覽，能無疵乎？愛民治國，能無知乎？天門開闔，能無雌乎？明白四達，能無為乎？生之、畜之。生而不有，為而不恃，長而不宰，是謂玄德。

十一章

三十輻共一轂，當其無，有車之用。埏埴以為器，當其無，有器之用。鑿戶牖以為室，當其無，有室之用。故有之以為利，無之以為用。

十二章

五色令人目盲，五音令人耳聾，五味令人口爽，馳騁畋獵令人心發狂，難得之貨令人行妨。是以聖人為腹不為目，故去彼取此。

十三章

寵辱若驚，貴大患若身。何謂寵辱若驚？寵為下，得之若驚，失之若驚，是謂寵辱若驚。何謂貴大患若身？吾所以有大患者，為吾有身，及吾無身，吾有何患！故貴以身為天下，若可寄天下；愛以身為天下，若可託天下。

十四章

視之不見名曰夷，聽之不聞名曰希，摶之不得名曰微。此三者，不可致詰，故混而為一。其上不皦，其下不昧。繩繩不可名，復歸於無物，是謂無狀之狀，無物之象，是謂惚恍。迎之不見其首，隨之不見其後。執古之道，以御今之有。能知古始，是謂道紀。

十五章

古之善為士者，微妙玄通，深不可識。夫唯不可識，故強為之容。豫焉若冬涉川，猶兮若畏四鄰，儼兮其若容，渙兮若冰之將釋，敦兮其若樸，曠兮其若谷，混兮其若濁。孰能濁以靜之徐清？孰能安以久動之徐生？保此道者不欲盈，夫唯不盈，故能蔽不新成。

十六章

致虛極，守靜篤，萬物並作，吾以觀復。夫物芸芸，各復歸其根。歸根曰靜，是謂復命。覆命曰常，知常曰明。不知常，妄作，凶。知常容，容乃公，公乃王，王乃天，天乃道，道乃久，沒身不殆。

十七章

太上，下知有之。其次，親而譽之。其次，畏之。其次，侮之。信不足焉，有不信焉。悠兮其貴言。功成事遂，百姓皆謂我自然。

十八章

大道廢，有仁義；智慧出，有大偽；六親不和，有孝慈；國家昏亂，有忠臣。

十九章

絕聖棄智，民利百倍；絕仁棄義，民復孝慈；絕巧棄利，盜賊無有。此三者，以為文不足，故令有所屬：見素抱樸，少私寡欲。

二十章

絕學無憂。唯之與阿，相去幾何？善之與惡，相去若何？人之所畏，不可不畏。荒兮其未央哉！眾人熙熙，如享太牢，如春登臺。我獨泊兮其未兆，如嬰兒之未孩。儽儽兮若無所歸。眾人皆有餘，而我獨若遺。我愚人之心也哉！沌沌兮！俗人昭昭，我獨昏昏；俗人察察，我獨悶悶。澹兮其若海，飂兮若無止。眾人皆有以，而我獨頑似鄙。我獨異於人，而貴食母。

二十一章

孔德之容，惟道是從。道之為物，惟恍惟惚。惚兮恍兮，其中有象；恍兮惚兮，其中有物。窈兮冥兮，其中有精；其精甚真，其中有信。自古及今，其名不去，以閱眾甫。吾何以知眾甫之狀哉？以此。

二十二章

曲則全，枉則直，窪則盈，敝則新，少則得，多則惑。是以聖人抱一，為天下式。不自見故明，不自是故彰，不自伐故有功，不自矜故長。夫唯不爭，故天下莫能與之爭。古之所謂曲則全者，豈虛言哉！誠全而歸之。

二十三章

希言自然。故飄風不終朝，驟雨不終日。孰為此者？天地。天地尚不能久，而況於人乎？故從事於道者，道者同於道，德者同於德，失者同於失。同於道者，道亦樂得之；同於德者，德亦樂得之；同於失者，失亦樂得之。信不足焉，有不信焉。

二十四章

企者不立，跨者不行，自見者不明，自是者不彰，自伐者無功，自矜者不長。其在道也，曰餘食贅行。物或惡之，故有道者不處。

二十五章

有物混成，先天地生。寂兮寥兮，獨立而不改，周行而不殆，可以為天下母。吾不知其名，字之曰道，強為之名曰大。大曰逝，逝曰遠，遠曰反。故道大，天大，地大，王亦大。域中有四大，而王居其一焉。人法地，地法天，天法道，道法自然。

二十六章

重為輕根，靜為躁君。是以聖人終日行不離輜重。雖有榮觀，燕處超然，奈何萬乘之主，而以身輕天下？輕則失本，躁則失君。

二十七章

善行無轍跡，善言無瑕讁，善數不用籌策，善閉無關楗而不可開，善結無繩約而不可解。是以聖人常善救人，故無棄人；常善救物，故無棄物，是謂襲明。故善人者，不善人之師；不善人者，善人之資。不貴其師，不愛其資，雖智大迷，是謂要妙。

二十八章

知其雄，守其雌，為天下谿。為天下谿，常德不離，復歸於嬰兒。知其白，守其黑，為天下式。為天下式，常德不忒，復歸於無極。知其榮，守其辱，為天下谷。為天下谷，常德乃足，復歸於樸。樸散則為器，聖人用之則為官長。故大制不割。

二十九章

將欲取天下而為之，吾見其不得已。天下神器，不可為也。為者敗之，執者失之。故物或行或隨，或歔或吹，或強或羸，或挫或隳。是以聖人去甚，去奢，去泰。

三十章

以道佐人主者，不以兵強天下，其事好還。師之所處，荊棘生焉。大軍之後，必有凶年。善有果而已，不敢以取強。果而勿矜，果而勿伐，果而勿驕，果而不得已，果而勿強。物壯則老，是謂不道，不道早已。

三十一章

夫佳兵者，不祥之器，物或惡之，故有道者不處。君子居則貴左，用兵則貴右。兵者，不祥之器，非君子之器。不得已而用之，恬淡為上。勝而不美，而美之者，是樂殺人。夫樂殺人者，則不可以得志於天下矣。吉事尚左，凶事尚右。偏將軍居左，上將軍居右，言以喪禮處之。殺人之眾，以哀悲泣之；戰勝，以喪禮處之。

三十二章

道常無名，樸雖小，天下莫能臣也。侯王若能守之，萬物將自賓。天地相合，以降甘露，民莫之令而自均。始制有名，名亦既有，夫亦將知止。知止可以不殆。譬道之在天下，猶川谷之於江海。

三十三章

知人者智，自知者明。勝人者有力，自勝者強。知足者富。強行者有志。不失其所者久。死而不亡者壽。

三十四章

大道氾兮，其可左右。萬物恃之而生而不辭，功成不名有。衣養萬物而不為主，常無欲，可名於小；萬物歸焉而不為主，可名為大。以其終不自為大，故能成其大。

三十五章

執大象，天下往；往而不害，安平太。樂與餌，過客止。道之出口，淡乎其無味，視之不足見，聽之不足聞，用之不足既。

三十六章

將欲歙之，必固張之；將欲弱之，必固強之；將欲廢之，必固興之；將欲奪之，必固與之。是謂微明。柔弱勝剛強。魚不可脫於淵，國之利器不可以示人。

三十七章

道常無為而無不為，侯王若能守之，萬物將自化。化而欲作，吾將鎮之以無名之樸。無名之樸，夫亦將無欲。不欲以靜，天下將自定。

《道德經》下篇

三十八章

上德不德，是以有德；下德不失德，是以無德。上德無為而無以為，下德為之而有以為。上仁為之而無以為，上義為之而有以為。上禮為之而莫之應，則攘臂而扔之。故失道而後德，失德而後仁，失仁而後義，失義而後禮。夫禮者，忠信之薄而亂之首。前識者，道之華而愚之始。是以大丈夫處其厚，不居其薄；處其實，不居其華。故去彼取此。

三十九章

昔之得一者，天得一以清，地得一以寧，神得一以靈，谷得一以盈，萬物得一以生，侯王得一以為天下貞。其致之。天無以清將恐裂，地無以寧將恐發，神無以靈將恐歇，谷無以盈將恐竭，萬物無以生將恐滅，侯王無以貴高將恐蹶。故貴以賤為本，高以下為基。是以侯王自謂孤、寡、不轂。此非以賤為本邪?非乎?故致數輿（譽）無輿（譽）。不欲琭琭如玉，珞珞如石。

四十章

反者，道之動；弱者，道之用。天下萬物生於有，有生於無。

四十一章

上士聞道，勤而行之；中士聞道，若存若亡；下士聞道，大笑之，不笑不足以為道。故建言有之：明道若昧，進道若退，夷道若纇。上德若谷，大白若辱，廣德若不足，建德若偷，質真若渝。大方無隅，大器晚成，大音希聲，大象無形。道隱無名。夫唯道，善貸且成。

四十二章

道生一，一生二，二生三，三生萬物。萬物負陰而抱陽，沖氣以為和。人之所惡，唯孤、寡、不轂，而王公以為稱。故物，或損之而益，或益之而損。人之所教，我亦教之。強梁者不得其死，吾將以為教父。

四十三章

天下之至柔，馳騁天下之至堅。無有入無間，吾是以知無為之有益。不言之教，無為之益，天下希及之。

四十四章

名與身孰親？身與貨孰多？得與亡孰病？是故甚愛必大費，多藏必厚亡。知足不辱，知止不殆，可以長久。

四十五章

大成若缺，其用不弊。大盈若沖，其用不窮。大直若屈，其用不居。大巧若拙，其用不輟。大辯若訥，其用不差。躁勝寒，靜勝熱。清靜為天下正。

四十六章

天下有道，卻走馬以糞；天下無道，戎馬生於郊。禍莫大於不知足，咎莫大於欲得。故知足之足，常足矣。

四十七章

不出戶，知天下；不窺牖，見天道。其出彌遠，其知彌少。是以聖人不行而知，不見而名，不為而成。

四十八章

為學日益，為道日損。損之又損，以至於無為。無為而無不為。取天下常以無事，及其有事，不足以取天下。

四十九章

聖人無常心，以百姓心為心。善者，吾善之；不善者，吾亦善之，德善。信者，吾信之；不信者，吾亦信之，德信。聖人在天下歙歙，為天下渾其心。百姓皆注其耳目，聖人皆孩之。

五十章

出生入死。生之徒，十有三；死之徒，十有三；人之生，動之死地，亦十有三。夫何故？以其生生之厚。蓋聞善攝生者，陸行不遇兕虎，入軍不被甲兵，兕無所投其角，虎無所措其爪，兵無所容其刃。夫何故？以其無死地。

五十一章

道生之，德畜之，物形之，勢成之。是以萬物莫不尊道而貴德。道之尊，德之貴，夫莫之命而常自然。故道生之，德畜之。長之、育之、亭之、毒之、養之、覆之。生而不有，為而不恃，長而不宰，是謂玄德。

五十二章

天下有始，以為天下母。既得其母，以知其子；既知其子，復守其母，沒身不殆。塞其兌，閉其門，終身不勤。開其兌，濟其事，終身不救。見小曰明，守柔曰強。用其光，復歸其明，無遺身殃，是為習常。

五十三章

使我介然有知，行於大道，唯施是畏。大道甚夷，而民好徑。朝甚除，田甚蕪，倉甚虛。服文彩，帶利劍，厭飲食，財貨有餘，是為盜誇。非道也哉！

五十四章

善建者不拔，善抱者不脫，子孫以祭祀不輟。修之於身，其德乃真；修之於家，其德乃餘；修之於鄉，其德乃長；修之於國，其德乃豐；修之於天下，其德乃普。故以身觀身，以家觀家，以鄉觀鄉，以國觀國，以天下觀天下。吾何以知天下然哉？以此。

五十五章

含德之厚，比於赤子。蜂蠆虺蛇不螫，猛獸不據，攫鳥不搏。骨弱筋柔而握固。未知牝牡之合而全作，精之至也。終日號而不嗄，和之至也。知和曰常，知常曰明，益生曰祥，心使氣曰強。物壯則老，謂之不道，不道早已。

五十六章

知者不言，言者不知。塞其兌，閉其門，挫其銳；解其紛，和其光，同其塵，是謂玄同。故不可得而親，不可得而疏；不可得而利，不可得而害；不可得而貴，不可得而賤，故為天下貴。

五十七章

以正治國，以奇用兵，以無事取天下。吾何以知其然哉？以此。天下多忌諱，而民彌貧；民多利器，國家滋昏；人多伎巧，奇物滋起；法令滋彰，盜賊多有。故聖人云：「我無為而民自化，我好靜而民自正，我無事而民自富，我無欲而民自樸。」

五十八章

其政悶悶，其民淳淳；其政察察，其民缺缺。禍兮福之所倚，福兮禍之所伏。孰知其極？其無正。正復為奇，善復為妖。人之迷，其日固久。是以聖人方而不割，廉而不劌，直而不肆，光而不耀。

五十九章

治人事天，莫若嗇。夫唯嗇，是謂早服。早服謂之重積德，重積德則無不克，無不克則莫知其極，莫知其極，可以有國。有國之母，可以長久。是謂深根固柢，長生久視之道。

六十章

治大國若烹小鮮。以道蒞天下，其鬼不神。非其鬼不神，其神不傷人；非其神不傷人，聖人亦不傷人。夫兩不相傷，故德交歸焉。

六十一章

大國者下流。天下之交。天下之牝。牝常以靜勝牡，以靜為下。故大國以下小國，則取小國；小國以下大國，則取大國。故或下以取，或下而取。大國不過欲兼畜人，小國不過欲入事人，夫兩者各得其所欲，大者宜為下。

六十二章

道者萬物之奧，善人之寶，不善人之所保。美言可以市，尊行可以加人。人之不善，何棄之有！故立天子，置三公，雖有拱璧以先駟馬，不如坐進此道。古之所以貴此道者何？不曰以求得，有罪以免邪？故為天下貴。

六十三章

為無為，事無事，味無味。大小多少，報怨以德。圖難於其易，為大於其細。天下難事必作於易，天下大事必作於細，是以聖人終不為大，故能成其大。夫輕諾必寡信，多易必多難，是以聖人猶難之。故終無難矣。

六十四章

其安易持，其未兆易謀；其脆易泮，其微易散。為之於未有，治之於未亂。合抱之木，生於毫末；九層之台，起於累土；千里之行，始於足下。為者敗之，執者失之。是以聖人無為，故無敗；無執，故無失。民之從事，常於幾成而敗之。慎終如始，則無敗事。是以聖人欲不欲，不貴難得之貨；學不學，復眾人之所過。以輔萬物之自然，而不敢為。

六十五章

古之善為道者，非以明民，將以愚之。民之難治，以其智多。故以智治國，國之賊；不以智治國，國之福。知此兩者，亦稽式。常知稽式，是謂玄德。玄德深矣，遠矣，與物反矣，然後乃至大順。

六十六章

江海所以能為百谷王者，以其善下之，故能為百谷王。是以欲上民，必以言下之；欲先民，必以身後之。是以聖人處上而民不重，處前而民不害，是以天下樂推而不厭。以其不爭，故天下莫能與之爭。

六十七章

天下皆謂我道大，似不肖。夫唯大，故似不肖。若肖，久矣其細也夫！我有三寶，持而保之。一曰慈，二曰儉，三曰不敢為天下先。慈，故能勇；儉，故能廣；不敢為天下先，故能成器長。今舍慈且勇，舍儉且廣，舍後且先，死矣！夫慈，以戰則勝，以守則固。天將救之，以慈衛之。

六十八章

善為士者不武，善戰者不怒，善勝敵者不與，善用人者為之下。是謂不爭之德，是謂用人之力，是謂配天古之極。

六十九章

用兵有言：「吾不敢為主而為客，不敢進寸而退尺。」是謂行無行，攘無臂，扔無敵，執無兵。禍莫大於輕敵，輕敵幾喪吾寶。故抗兵相加，哀者勝矣。

七十章

吾言甚易知，甚易行，天下莫能知，莫能行。言有宗，事有君。夫唯無知，是以不我知。知我者希，則我者貴，是以聖人被褐懷玉。

七十一章

知不知，上；不知知，病。夫唯病病，是以不病。聖人不病，以其病病，是以不病。

七十二章

民不畏威，則大威至。無狎其所居，無厭其所生。夫唯不厭，是以不厭。是以聖人自知，不自見；自愛，不自貴。故去彼取此。

七十三章

勇於敢則殺，勇於不敢則活。此兩者，或利或害。天之所惡，孰知其故？是以聖人猶難之。天之道，不爭而善勝，不言而善應，不召而自來，繟然而善謀。天網恢恢，疏而不失。

七十四章

民不畏死，奈何以死懼之！若使民常畏死，而為奇者，吾得執而殺之，孰敢？常有司殺者殺，夫代司殺者殺，是謂代大匠斲。夫代大匠斲者，稀有不傷其手矣。

七十五章

民之饑，以其上食稅之多，是以饑。民之難治，以其上之有為，是以難治。民之輕死，以其上求生之厚，是以輕死。夫唯無以生為者，是賢於貴生。

七十六章

人之生也柔弱，其死也堅強。萬物草木之生也柔脆，其死也枯槁。故堅強者死之徒，柔弱者生之徒。是以兵強則不勝，木強則兵。強大處下，柔弱處上。

七十七章

天之道，其猶張弓與？高者抑之，下者舉之；有餘者損之，不足者補之。天之道，損有餘而補不足。人之道則不然，損不足以奉有餘。孰能有餘以奉天下？唯有道者。是以聖人為而不恃，功成而不處，其不欲見賢。

七十八章

天下莫柔弱於水，而攻堅強者莫之能勝，其無以易之。弱之勝強，柔之勝剛，天下莫不知，莫能行。是以聖人云：「受國之垢，是謂社稷主；受國不祥，是為天下王。」正言若反。

七十九章

和大怨，必有餘怨，安可以為善？是以聖人執左契，而不責於人。有德司契，無德司徹。天道無親，常與善人。

八十章

小國寡民，使有什伯之器而不用，使民重死而不遠徙。雖有舟輿，無所乘之；雖有甲兵，無所陳之；使人復結繩而用之。甘其食，美其服，安其居，樂其俗。鄰國相望，雞犬之聲相聞，民至老死不相往來。

八十一章

信言不美，美言不信；善者不辯，辯者不善；知者不博，博者不知。聖人不積，既以為人己愈有，既以與人己愈多。天之道，利而不害；聖人之道，為而不爭。

老子生平簡表

前五七五年（周簡王十一年）

晉楚鄢陵（今河南鄢陵西北）之戰，楚敗，晉國遂恢復霸業。第一次弭兵會盟破裂。

前五七一年（周靈王元年）

老子約於此時生於陳國苦縣厲鄉曲仁里。

前五六二年（周靈王十年）

魯作三軍，三桓（季孫氏、叔孫氏、孟孫氏）三分公室。

前五五一年（周靈王二十一年）

老子入周王室任守藏室史。孔子出生。

前五四八年（周靈王二十四年）

齊莊公為崔杼所殺，齊太史秉筆直書「崔杼弒其君」，為杼所殺。太史二弟、三弟嗣書之，皆被杼所殺。其四弟再書之，杼不敢再殺。

前五四六年（周靈王二十六年）

宋「向戌弭兵」。向戌約合晉、楚，並會合各國在宋結盟。即晉楚第二次弭兵會盟。

前五三六年（周景王九年）

鄭子產鑄刑書（將法律條文鑄在鼎上公佈）。

前五三五年（周景王十年）

老子因受權貴排擠，被甘簡公免去守藏室史之職，出遊魯國。在魯國巷黨主持友人葬禮，孔子助葬。

前五三〇年（周景王十五年）

老子被甘平公召回洛邑，仍任王室守藏室史。

前五一二年（周敬王八年）

波斯帝國入侵北印度，到達印度河流域。

前五〇九年（周敬王十一年）

羅馬王政時代結束，羅馬共和國成立，國家由執政官、元老院及人民大會三權分立。掌握國家實權的元老院由貴族組成。

前五〇〇年（周敬王二十年）

孔子為魯司寇，誅少正卯（一說其事難以確信）。

前五一六年（周敬王四年）

周王室發生內亂，王子朝率兵攻下劉公之邑，周敬王受迫。當時晉國強盛，出兵救援周敬王。王子朝勢孤，與舊僚攜周王室典籍逃亡楚國。老子被罷免守藏室史一職，回故里居住。

前五〇一年（周敬王十九年）

時年孔子五十一歲，南至沛地向老子問學。

前四九九年（周敬王二十一年）

波斯與古希臘城邦之間的衝突，波希戰爭始。

前四九七年（周敬王二十三年）

孔子開始周遊衛、宋、陳、蔡、齊、楚等國。

前四九四年（周敬王二十六年）

吳王夫差於夫椒（一說今江蘇蘇州市西南太湖中洞庭西山）大敗越兵，越王求和。

前四九〇年（周敬王三十年）

馬拉松戰役。古希臘城邦聯軍對抗波斯帝國，最終由雅典與斯巴達領導的希臘聯軍獲勝。

前四八六年（周敬王三十四年）

按漢譯《善見律毘婆沙》的出律記，從南齊永明七年（四八九年）上推九百七十五年，推定釋迦牟尼涅槃於公元前四八六年。

前四八五年（周敬王三十五年）

老子去函谷關入秦，途中為關令尹喜挽留，撰寫《道德經》五千言。

前四八四年（周敬王三十六年）

孔子返魯。晚年致力教育，整理《詩》、《書》等古代文獻，並把魯史官所記《春秋》加以刪修，成為中國第一部編年體的歷史著作。

前四八二年（周敬王三十八年）

吳王夫差北上與中原諸國在黃池（今河南封丘西南）會盟，爭得霸主。越王勾踐率兵襲擊吳國。

前四八一年（周敬王三十九年）

魯《春秋》記事至本年止（魯哀公十四年）。

前四八〇年（周敬王四十年）

溫泉關戰役是西方歷史上一次重要的戰役。希臘的斯巴達國王列奧尼達一世率領三百名斯巴達精銳戰士與部分希臘城邦聯軍於溫泉關抵抗波斯帝國，成功拖延波斯軍隊進攻。

前四七九年（周敬王四十一年）

孔子卒。現存《論語》一書，記有孔子的談話以及孔子及門人的問答，是研究孔子及其學說的主要資料。

前四七五年（周元王元年）

周元王元年，司馬遷《史記・六國年表》以本年為戰國時代的開始。

註：老子生平的準確年表實難考證，我們綜合多種史料記載及研究成果，取其中較為可信的主流觀點，略定此表，僅供參考。

國家圖書館出版品預行編目 (CIP) 資料

老子 / 譚偉雄著 . -- 第一版 . -- 新北市 : 風格司藝術
創作坊 , 2019.12
面； 公分 . -- (嗨！有趣的故事)
ISBN 978-957-8697-67-6(平裝)

1.(周) 李耳 2. 傳記

121.31 108021460

嗨！有趣的故事

老子

作　　者：譚偉雄著
責任編輯：苗　龍

發　　行：知書房出版
出　　版：風格司藝術創作坊
235 新北市中和區連勝街 28 號 1 樓
電　　話：(02) 8245-8890

總 經 銷：紅螞蟻圖書有限公司
台北市內湖區舊宗路二段 121 巷 19 號
電　　話：(02) 2795-3656
傳　　真：(02) 2795-4100
http://www.e-redant.com

版　　次：2021 年 1 月初版　第一版第一刷
訂　　價：180 元

本書如有缺頁、製幀錯誤，請寄回更換

ISBN 978-957-8697-67-6 Printed inTaiwan

Hi! Story